DESENVOLVIMENTO MATEMÁTICO NA CRIANÇA

B832d Brizuela, Bárbara M.
Desenvolvimento matemático na criança : explorando notações / Bárbara M. Brizuela ; tradução Maria Adriana Veríssimo Veronese. – Porto Alegre : Artmed, 2006.
136 p. : il. p&b ; 23 cm.

ISBN 978-85-363-0597-4

1. Matemática – Notações. 2. Matemática – Ensino. 2. I. Título.

CDU 510.2

Catalogação na publicação: Júlia Angst Coelho – CRB 10/1712

Bárbara M. Brizuela

DESENVOLVIMENTO MATEMÁTICO NA CRIANÇA
Explorando Notações

Tradução:
Maria Adriana Veríssimo Veronese

Consultoria, supervisão e revisão técnica desta edição:
Estela Kaufman Fainguelernt
*Diretora e professora do Curso de Matemática
da Universidade Estácio de Sá, RJ.
Diretora da SBEM-RJ.
Professora do Pós-graduação em Educação
Matemática da Universidade Estácio de Sá, RJ.*

Reimpressão 2009

2006

Obra originalmente publicada sob o título
Mathematical development in young children: exploring notations

© Teachers College, Columbia University, 2001
ISBN 2-206-08454-6

Capa
Cena Design

Preparação do original
Márcia da Silveira Santos

Leitura final
Maria Rita Quintella

Supervisão editorial
Mônica Ballejo Canto

Projeto gráfico e editoração eletrônica
Armazém Digital Editoração Eletrônica – rcmv

Reservados todos os direitos de publicação, em língua portuguesa, à
ARTMED® EDITORA S.A.
Av. Jerônimo de Ornelas, 670 - Santana
90040-340 Porto Alegre RS
Fone (51) 3027-7000 Fax (51) 3027-7070

É proibida a duplicação ou reprodução deste volume, no todo ou em parte,
sob quaisquer formas ou por quaisquer meios (eletrônico, mecânico, gravação,
fotocópia, distribuição na Web e outros), sem permissão expressa da Editora.

SÃO PAULO
Av. Angélica, 1091 - Higienópolis
01227-100 São Paulo SP
Fone (11) 3665-1100 Fax (11) 3667-1333

SAC 0800 703-3444

IMPRESSO NO BRASIL
PRINTED IN BRAZIL

A autora

Bárbara M. Brizuela é professora-assistente de Educação na Tufts University. Foi professora dos níveis de educação infantil e fundamental, completando seus estudos universitários em seu país natal, a Argentina. Fez pós-graduação nos Estados Unidos, na Tufts University e na Harvard Graduate School of Education. Recebeu uma bolsa de pesquisa na Spencer Foundation e publicou artigos em jornais como o *American Educational Research Journal, For the Learning of Mathematics* e o *Journal of Mathematical Behavior*. Seus trabalhos foram traduzidos para o inglês, o espanhol e o português. Seu foco de pesquisa é o desenvolvimento cognitivo e a educação matemática. Atualmente, trabalha com crianças e professores em escolas públicas da área de Boston.

Agradecimentos

O trabalho apresentado neste livro merece dois tipos de agradecimentos: o reconhecimento, capítulo a capítulo, das contribuições e do apoio recebidos e um agradecimento mais geral.

O Capítulo 2 foi desenvolvido como parte da minha tese de doutorado na Harvard Graduate School of Education (HGSE). Agradeço a Eleanor Duckworth e Claryce Evans (HGSE), Analúcia Schliemann (Tufts University) e Emilia Ferreiro (DIE, CINVESTAV, México) por seu apoio e *feedback* durante o começo, o desenvolvimento e a análise do estudo. Jeanne Bamberger (MIT) também participou de algumas das discussões relacionadas ao estudo e contribuiu, de maneira importante, para o meu pensamento a respeito das notações de uso social. O Research Training Grant Program da Fundação Spencer no HGSE apoiou-me financeiramente durante a maior parte do desenvolvimento deste estudo. Kitty Boles (HGSE) apoiou meu trabalho como representante da Spencer na HGSE. Minha visita, em 1998, à Emilia Ferreiro e seu grupo de pesquisa no México foi crucial para a estruturação teórica da pesquisa relatada nesse capítulo.

A pesquisa desenvolvida no Capítulo 3 foi executada sob a orientação de Analúcia Schliemann, a quem sou profundamente grata. Partes desse capítulo foram publicadas previamente no jornal internacional *For the Learning of Mathematics*.

A pesquisa relatada no Capítulo 4 beneficiou-se de comentários e discussões com as pessoas envolvidas no curso T150 da HGSE, Currículo Baseado no Entendimento, em 1998. Além do apoio de meus colegas, também me beneficiei das contribuições de Eleanor Duckworth, Fiona Hughes-McDonnell e Isabella Knox.

Os dados dos Capítulos 5, 6 e 7 vêm do Early Algebra Study, um estudo do TERC/Tufts University, dirigido por David Carraher (TERC) e Analúcia Schliemann (Tufts University). Os fundos para esse projeto foram fornecidos pela National Science Foundation, por meio das subvenções #9722732 e #9909591, concedidas à Analúcia Schliemann e David Carraher.

viii Agradecimentos

O Capítulo 5 baseia-se nas apresentações prévias feitas por mim, David Carraher e Analúcia Schliemann na Research Presession do encontro do NCTM, Chicago, e no IX International Congress of Mathematical Education (ICME), Tokyo-Makuhari, Japão, em agosto de 2000. Agradeço especialmente a Pat Thompson (Vanderbilt University) e a Suzana Lara-Roth (Tufts University) por comentários construtivos a respeito de versões anteriores desse capítulo.

A versão original do Capítulo 6 foi escrita em coautoria com Susanna Lara-Roth (Tufts University). Originalmente apresentado no encontro da International Conference for Mathematics Instruction (ICMI) em dezembro de 2001, na Austrália. Uma versão desse capítulo foi também publicada no *Journal of Mathematical Behavior*.

O Capítulo 7 contou com a participação de Susanna Lara-Roth e Jerry Karacz, os quais ajudaram a filmar a entrevista. Meus agradecimentos também a Tracy Noble (TERC/Tufts University) por sua orientação a respeito da literatura "gestual".

Em termos mais gerais, agradeço às incontáveis crianças que ajudaram a dar forma ao meu pensamento e às minhas reflexões sobre notações matemáticas. Especificamente, agradeço às crianças apresentadas neste livro: George, Paula, Thomas e aos alunos de 2ª e 3ª séries que participaram do projeto de pesquisa Early Algebra, do outono de 1998 à primavera de 2001. Sou grata também aos seus pais, às suas professoras e às diretoras de escola, que gentilmente me acolheram em seus lares, em suas salas de aula e escolas.

Analúcia Schliemann e David Carraher apoiaram meu trabalho, oferecendo incentivo, espaço e oportunidades para eu continuar investigando as notações matemáticas das crianças no projeto Early Algebra e levando a sério as minhas pesquisas. Obrigada também a outros membros do projeto Early Algebra: Darrell Earnest, Anne Goodrow, Susanna Lara-Roth e Irit Peled.

O trabalho de Emilia Ferreiro influenciou imensamente a minha pesquisa. Sua investigação, a qual apresenta um rigor e uma profundidade de análise que continuo tentando atingir, é um modelo para mim. Seu conhecimento da literatura e de pesquisa, assim como sua perspicácia na análise e na pesquisa revelaram-se inestimáveis durante o processo de redação deste livro. Emilia Ferreiro, gentilmente, convidou-me a participar de seus seminários no México em dois períodos – por dois meses, em janeiro e fevereiro de 1998, e por duas semanas em março de 2000. Sou muito grata por ter tido essas oportunidades e por ter conversado com essa pessoa tão inteligente e com alguns de seus alunos. Meus contatos com Celia Díaz, Celia Zamudio, Mónica Alvarado, Graciela Quinteros e Mirta Castedo foram especialmente importantes.

A abordagem de Eleanor Duckworth à entrevista clínica também teve um grande impacto sobre a minha forma de pesquisar e de entrevistar as crianças. Era um prazer observar a sua maneira sutil de entrevistar as crianças no T440 na HGSE. O seu jeito minucioso de entrevistar e sua visão da capacidade mental das crianças são outras metas que tento atingir.

Minhas conversas e meus contatos com Mónica Alvarado, Jim Kaput, Richard Lehrer, Delia Lerner, Eduardo Martí, Luis Moreno Armella e Nora Scheuer, todos interessados na área das representações e notações matemáticas, foram muito proveitosos e úteis. Rachel Kramer e Angelita Collins deram-me grande ajuda na montagem deste manuscrito.

Muitos agradecimentos também aos meus incontáveis amigos e às pessoas especiais da minha vida, que me amaram, apoiaram e estimularam nos últimos anos.

Por último, mas não menos importante, obrigada a Pablo, Azul e Sofía. Obrigada por sua paciência, pelo seu entendimento, amor e apoio.

Sumário

Prefácio 13
Richard Lehrer

1. **Visão geral** 17

   Foco da pesquisa 19

   Conexões com a história da matemática e sistema notacionais 22

   Uma definição para notações 23

   Organização do livro 24

2. **George: números escritos e o sistema numérico escrito** 27

   Habilidades motoras finas de George e seu entendimento do sistema numérico 29

   George usa números coringas 32

   O papel da posição relativa nas ideias de George sobre números escritos 36

   Reflexões 41

3. **Paula: "números maiúsculos"** 43

   Compreendendo as convenções 44

   Números maiúsculos: Paula inventa uma ferramenta 47

   Invenções 51

   Convenções 53

   Reflexões 53

4. **Thomas: vírgulas e pontos nos números** 59

   Thomas começa a compreender os pontos e as vírgulas nos números 60

   Reflexões 68

12 Sumário

5. Sara: notações de frações que a ajudam a "pensar em algo" 71
Com Analúcia Schliemann e David Carraher

Resolvendo problemas algébricos durante a aula 74
Resolvendo problemas algébricos durante uma entrevista 79
Reflexões 81

6. Jennifer e seus colegas: tabelas de dados e relações aditivas 83
Com Susanna Lara-Roth

Segunda série: observando as tabelas planejadas pelas crianças 86
Jennifer na 3ª série 93
Reflexões 95

7. Jennifer, Nathan e Jeffrey: relações entre diferentes notações matemáticas 97

Detalhes do estudo 98
O problema apresentado às crianças 99
As reações das crianças ao problema 100
As notações das crianças 103
As crianças interpretam o gráfico de Jennifer 108
Jeffrey utiliza sua tabela para compreender o gráfico 110
Reflexões 113

8. Reflexões finais 115

Referências 121
Índice 129

Prefácio

Quando pensamos em matemática, geralmente nos vêm à mente imagens de fazer: calcular somas e subtrações, lembrar explicações básicas, encontrar soluções para equações. Imagens como essas negligenciam o lado conceitual da matemática, a busca de padrão e estrutura que motiva a atividade matemática. *Desenvolvimento matemático na criança* corrige uma outra omissão: o fazer e o conceber matemáticos são mediados por sistemas de escrita importantes e, muitas vezes, complicados, de modo que a matemática também é um tipo particular de discurso escrito. Quando fazemos matemática, participamos de uma rica tradição de simbolização, tão comum que, como em outras esferas do cotidiano, deixamos de apreciar suas extraordinárias virtudes. Assumindo a simbologia do ponto de vista da criança, Bárbara Brizuela nos convida a redescobrir e a apreciar, de outra forma, o notável poder e entusiasmo intelectual de se escrever a matemática. Nas mãos das crianças descritas neste livro, esses sistemas simbólicos não são relíquias de um passado distante, e sim ferramentas para se descobrir e explorar mundos emergentes de números e padrões.

A abordagem adotada é a do estudo de caso e da entrevista clínica. Ao conversar com as crianças enquanto elas escrevem matemática, a autora revela como seus interlocutores estão inventando e examinando símbolos para fazer e compreender matemática. Primeiramente, somos apresentados a George, de 5 anos, que representa a quantidade *dezessete* como 70 e a quantidade *dezoito* como 08. A conversa de Bárbara com George não revela loucura, mas método, e, na medida em que ela traça a evolução do pensamento de George, somos mais uma vez lembrados da complexidade do nosso sistema posicional de notações para as quantidades. Com George, vivenciamos o papel da posição para distinguir quantidades representadas numericamente ("o valor do lugar") e o *status* especial do zero. Passamos a ver George não como alguém que está enganado, mas como alguém que está tentando se apropriar de um sistema poderoso para compreender as quantidades. Descobrimos que ele está experimentando o zero como um símbolo que funciona como um "guardador de lugar", embora ele esteja em dúvida quanto ao seu *status* e sobre como o sistema de numeração de base dez deve ser coordenado com a posição e com os numerais para representar uma quantidade. No entanto, suas explorações não

14 Bárbara M. Brizuela

são não dirigidas ou não influenciadas por convenções e assumem um foco mais nítido conforme ele tenta criar simbolizações que lhe permitam comparar quantidades. Essa variação entre a invenção e o capital cultural (por exemplo, a familiaridade das crianças com os numerais e com os sistemas de escrita) assume um relevo mais nítido nos dois capítulos seguintes do livro. Inicialmente, conhecemos Paula, outra aluna de pré-escola. Paula interpreta numerais de dois dígitos fazendo uma analogia com outras formas de escrita: 4, em 46, denota *quarenta*, e não *quatro*, porque sua posição indica um "número maiúsculo". Para Paula, a notação posicional faz sentido pela analogia com as palavras. O papel de uma palavra é sinalizado pelo uso de maiúsculas, e o papel de um numeral, pela posição. O que faz sentido para Paula é uma sintaxe, e não a mera pontuação, de modo que ela emprega o que sabe a respeito de um sistema para recriar outro. A interação e a sustentação mútua entre invenção e convenção também são exemplificadas por Thomas, um menino de 6 anos, que se apropria de outros sinais de pontuação linguística – pontos e vírgulas – para apreciar o seu papel na escrita de números no limite da imaginação.

Esses casos de surgimento simultâneo e desenvolvimento dos primeiros conceitos e da escrita de números são ampliados e alcançam novas esferas matemáticas no restante do livro. No trabalho que a autora realizou com os colegas Analúcia Schliemann e David Carraher, os leitores são apresentados a crianças que estão compreendendo frações, tabelas de dados e coordenadas cartesianas. Sara, uma aluna de 3ª série, usa frações para ajudar a estruturar seu pensamento sobre as ações representadas em problemas matemáticos enunciados em palavras e utiliza suas representações para reestruturar seu pensamento. Desse modo, as notações ajudam-na a ver o que é igual e o que é diferente nas quantidades de diferentes problemas. Ao longo do caminho, passamos a ver que Sara está desenvolvendo sua competência metarrepresentacional, conforme raciocina sobre como determinadas expressões simbólicas ajudam, ou não, em suas tentativas de resolver problemas. As tentativas de Sara são complementadas pelas de seus colegas, os quais estão construindo tabelas para representar mudanças de quantidade. Ao inventar suas próprias tabelas, as crianças passam a ver o trabalho matemático realizado por tabelas convencionais, e nós, mais uma vez, vislumbramos as crianças construindo sistemas simbólicos que elas veem como proveitosos e a serviço de uma finalidade. O tema da competência metarrepresentacional desabrocha no penúltimo capítulo do livro, conforme as crianças coordenam múltiplos sistemas notacionais para raciocinar simultaneamente sobre duas funções lineares. Esse capítulo também esclarece como, mesmo quando as crianças se apropriam de esquemas simbólicos inventados por seus colegas, elas dão a eles outros objetivos, adaptando-os às suas próprias finalidades. As notações condensam significados e permitem que os indivíduos avaliem seus entendimentos, e que esses entendimentos sejam compartilhados por meio de um índice comum. O capítulo de conclusão reitera e amplia os temas tão amplamente ilustrados nos capítulos precedentes. Nós somos lembrados do que antigamente era problemático e incitados a ajudar, de outra forma, o desenvolvimento matemático das crianças.

Richard Lehrer
Vanderbilt University

1
Visão geral

O interesse pelas notações matemáticas aumentou significativamente nos últimos anos (veja, por exemplo, Cobb, Yackel e McClain, 2000; Gravemeijer, Lehrer, van Oers e Verschaffel, 2002). Esse interesse pode ser visto, por exemplo, nos recentes padrões e princípios propostos pelo National Council of Teachers of Mathematics (NCTM), os quais incluem as representações como um dos padrões de processo a serem atingidos em diferentes séries, da pré-escola ao ensino médio (NCTM, 2000). Além disso, o anuário de 2001 do NCTM foi dedicado a diferentes aspectos das notações matemáticas (Cuoco e Curcio, 2001). As notações, compreendidas simultaneamente como o ato de representar e como o objeto em si, são centrais para o desenvolvimento matemático dos aprendizes e para o desenvolvimento da matemática. De fato, as notações são um aspecto essencial da aprendizagem e do ensino da matemática (Cuoco e Curcio, 2001).

As crianças, nos mais diversos contextos socioeconômicos e culturais, estão imersas em um mundo de notações matemáticas desde o momento em que chegam ao mundo. Os números escritos que as rodeiam representam a grande variedade de conceitos numéricos e quantitativos, além de serem usados para outros propósitos diferentes (por exemplo, como rótulos e em números de telefone; veja Sinclair e Sinclair, 1984). O mesmo grau de exposição vale para outras notações matemáticas (Lehrer, Schauble, Carpenter e Penner, 2000), como gráficos e tabelas (diSessa, Hammer, Sherin e Kolpakowski, 1991) e notações de espaço e mensuração (Lehrer e cols., 2000), por exemplo.

No entanto, apesar desses esforços, Ferreiro (1996a) salientou: "No domínio das notações de uso social, o nosso conhecimento da psicogênese da notação matemática ainda é muito limitado" (p.138). Neste livro, trato dessa lacuna das pesquisas. Isso é importante não apenas em respostas a perguntas de pesquisa significativas, como também em termos da prática de ensino. Apesar dos recentes padrões e princípios propostos por pesquisadores e pelo NCTM, com a finalidade de incluir as notações matemáticas como uma parte integral do ensino e da aprendizagem de matemática, até o momento a maioria dos

18 Bárbara M. Brizuela

professores teve pouca ou nenhuma formação nessa área. Os pesquisadores reconheceram a importância das notações na educação matemática, mas essas reflexões e observações ainda não influenciaram a formação dos professores que estão praticando ou estudando.

A pesquisa relatada neste livro se relaciona intimamente a uma importante linha de investigação lançada por Emilia Ferreiro (Ferreiro e Teberosky, 1979), referente à aprendizagem infantil da linguagem escrita. Por mais de 20 anos, em seu trabalho, Ferreiro tem considerado a linguagem escrita como um objeto conceitual – uma posição que também assumo: ver as notações matemáticas como objetos conceituais. Por *objeto conceitual* refiro-me a coisas (como as notações) sobre as quais as crianças pensam, desenvolvem ideias e refletem. Como Ferreiro, parto do princípio de que os sistemas escritos constituem objetos conceituais. Isto é, a aprendizagem infantil das notações matemáticas não é meramente uma questão de habilidades perceptivo-motoras. Embora a pesquisa de Ferreiro tenha sido executada na área da linguagem escrita, compartilho muitas das suposições que fundamentam a sua pesquisa. Por exemplo, acredito que há um objeto socialmente constituído com certas características e uma lógica que o caracteriza e, por parte das crianças, hipóteses relativas a sistemas de notação matemática e como elas funcionam. Ao se apropriar de sistemas de notação, as crianças estão tentando compreender as relações entre os elementos do sistema e a maneira pela qual o sistema funciona (Ferreiro, 1991). Além disso, conjecturo que as crianças reconstroem sistemas de notação social e que as ideias que desenvolvem são constitutivas das ideias convencionais que mais tarde desenvolverão (Ferreiro, 1991).

Há outras suposições fundamentando este livro. Em primeiro lugar, como Ferreiro (1991), acredito que o conhecimento convencional baseia-se em entendimentos anteriores. Dessa perspectiva, as ideias da criança sobre notações matemáticas podem ser constitutivas de seus entendimentos convencionais posteriores sobre formas mais complexas de notação e sobre a matemática em geral. E, como Sinclair (1988), acredito que as ideias das crianças, anteriores ao seu entendimento convencional das notações matemáticas, fazem sentido no contexto de sua visão da matemática, embora possam parecer ingênuas ou absurdas para os adultos.

Além disso, a pesquisa de Ferreiro está profundamente baseada na concepção de Piaget da criança como um sujeito conhecedor, que cria e transforma a fim de aprender e compreender. Esse conceito fundamenta o trabalho de Ferreiro e também deste livro. Nesse sentido, a criança que está tentando compreender e aprender notações matemáticas não aceita ou copia simplesmente a informação que recebe de seu meio. Ao contrário disso, a criança faz um esforço ativo e complexo para construir seus próprios entendimentos e suas próprias interpretações. Portanto, o trabalho de Piaget e o de Ferreiro constituem a base teórica deste livro.

FOCO DA PESQUISA

A pesquisa sobre a psicologia do desenvolvimento documentou o aumento do senso de número na criança (Cobb e Wheatly, 1997; Dehaene, 1997; Fuson, 1988; Hughes, 1986; Kamii, 1985, 1989, 2000; Steffe e Cobb, 1988). Durante seus primeiros anos de vida e, depois, de escolarização, as crianças desenvolvem compreensões a respeito de números e de como eles se relacionam às quantidades, compreensões de como os números podem ser decompostos em unidades e dezenas, as propriedades ordinais e cardinais dos números, e o que acontece quando somamos ou subtraímos números. Conforme desenvolvem o senso numérico, as crianças também criam maneiras de representar esse senso numérico e, gradualmente, se apropriam de sistemas convencionais de notação usados no mundo de seu cotidiano.

Tolchinsky e Karmiloff-Smith (1992) distinguiram duas perspectivas no estudo das notações: o estudo das notações e do que elas representam, e o estudo das notações em si. Eles chamam a primeira perspectiva de "notações como ferramentas referencial-comunicativas", e a segunda, de "notações como domínios de conhecimento" (p. 287). Em relação ao que se "referem" as notações, acredito que elas *sempre* se referem a alguma coisa, isto é, elas sempre têm algum significado para a pessoa – ainda que esse significado esteja escondido para os outros).

Dois exemplos podem esclarecer a diferença entre *notações como ferramentas referencial-comunicativas* e *notações como domínios de conhecimento*. O estudo de Sinclair (1988) exemplifica a primeira perspectiva, a das *notações como ferramentas referencial-comunicativas*. Sinclair apresentou a crianças coleções de objetos e pediu que elas mostrassem, com notações, quantos objetos havia. Assim, ela se centrou na relação entre as notações das crianças e as quantidades que elas representavam. Em contraste, Lerner e Sadovsky (1994) estudaram as *notações* numéricas das crianças *como um domínio de conhecimento*. Eles se concentraram em números escritos, pedindo às crianças que fizessem comparações sem necessariamente se referirem a coleções externas de objetos. Por exemplo, pediram às crianças que jogassem o jogo de cartas *War*, no qual as crianças colocam cartas sobre a mesa, e aquela que tiver a carta com o número mais alto fica com todas as cartas. O jogador que tiver mais cartas ao final do jogo é o vencedor. As cartas que eles deram às crianças tinham apenas números escritos entre 5 e 31 – sem nenhum desenho. Neste livro, tratarei de ambas as perspectivas – ao que as notações se referem e às notações como objetos conceituais ou como domínios de conhecimento. Os tipos de notação que focalizarei aqui são notações para sistema numérico (incluindo, entre outros aspectos, o valor posicional e o uso de sinais de pontuação nos números), frações, tabelas de dados, gráficos, vetores, fileiras de números e linguagem natural.

20 Bárbara M. Brizuela

Pesquisas anteriores sobre as notações matemáticas escritas pela criança centraram-se nas diferenciações que as crianças fazem entre notações para linguagem e para números (Tolchinsky e Karmiloff-Smith, 1992) e na progressão nos tipos de notação que as crianças usam quando representam quantidades (Hughes, 1986; Sastre e Moreno, 1976; Sinclair, 1988). Essas pesquisas exploram as conexões entre as notações das crianças e suas ideias sobre o valor posicional (Bednarz e Janvier, 1982; Bergeron, Herscovics e Sinclair, 1992; Kamii, 1985, 2000; Kamii, 1982; Ross, 1986). Também foram exploradas notações para espaço e medida (Lehrer e cols., 2000), gráficos (diSessa e cols., 1991), operações matemáticas (Fuson, 1986; Hughes, 1986; Kamii, 1985, 1989, 2000; Willis e Fuson, 1988), solução de problemas aritméticos (Carpenter, Ansell, Franke, Fennema e Weisbeck, 1993; Hiebert e cols., 1996) e dados (Lehrer e Schauble, 2002; Tierney e Nemirovsky, 1995). Além disso, houve investigações sobre as notações matemáticas de alunos mais velhos (Confrey, 1991).

O trabalho de Sastre e Moreno (1976), Sinclair (1988) e Hughes (1986) explora a progressão nos tipos de notação que as crianças usam quando fazem notações de quantidade. Cada um desses estudos é uma tentativa de descrever as notações espontâneas que as crianças fazem quando lhes mostram diferentes quantidades de objetos, e os autores relatam achados semelhantes. Em geral, eles identificam uma progressão nas notações que só gradualmente inclui o uso de números escritos de uma maneira convencional. As crianças começam utilizando marcas idiossincráticas e, mais tarde, conseguem estabelecer uma correspondência um a um entre suas notações e a quantidade de objetos representados, usando um grafismo para cada objeto que está sendo representado. Algumas crianças usam letras; algumas usam números; enquanto outras usam letras e números em suas correspondências um a um com objetos. O uso de letras para representar quantidade reflete a falta de diferenciação entre letras e números. Além disso, algumas crianças usam o mesmo sinal gráfico o tempo todo, alinhando formas idênticas em uma disposição (por exemplo, OOOO), enquanto outras usam todas as formas que conhecem para fazer sequências variadas (por exemplo, οσ∂⌒). O uso da mesma marca o tempo todo *versus* uma variação de marcas é uma abordagem interessante à luz de pesquisas anteriores que demonstram que, na área da linguagem escrita, as crianças desenvolvem uma hipótese em que cadeias das mesmas letras não são consideradas palavras (Ferreiro e Teberosky, 1979). Assim, a aceitação do uso do mesmo grafismo para representar quantidade, e sua rejeição para representar linguagem escrita, reflete o fato de que as crianças fazem uma distinção importante entre linguagem escrita e números escritos (Tolchinsky, 1993). Na medida em que ficam mais velhas, elas começam a se limitar ao uso de números escritos em suas notações. Algumas escrevem a sequência correspondente ao número de objetos (por exemplo, 1234), e outras escrevem o mesmo número a quantidade certa de vezes, segundo uma correspondência um a um (por exemplo, 4444). Por fim, as crianças escreverão o número correspondente ao número de objetos sendo representados, acompanhado pelo nome do objeto (por exemplo, 4 patos).

Tolchinsky e Karmiloff-Smith (1992) examinam como as crianças decidem quais combinações de elementos pertencem a "escrever" e "contar" e quais não pertencem a "escrever" e "contar". O que eles se perguntam é que controles as crianças empregam para que os números sejam números, para que as letras sejam letras e para que as palavras sejam palavras. Eles dão às crianças um conjunto de cartas com várias notações impressas e perguntam quais cartas "não são boas para escrever" (p. 291) e quais não são boas para contar. Seu estudo mostra que crianças muito pequenas não confundem a linguagem escrita com números e que empregam diferentes controles para decidir qual notação é qual.

Em sua pesquisa, Bednarz e Janvier (1982), Bergeron e colaboradores. (1992), C. Kamii (1985), M. Kamii (1982) e Ross (1986) examinaram a notação do valor posicional. Esses estudiosos exploram o significado que diferentes algarismos em números de múltiplos algarismos têm para as crianças. Por exemplo, mostramos a uma criança uma coleção de objetos separados e o correspondente número de dois algarismos, ou uma coleção de objetos separados e pedimos que faça uma notação para mostrar quantos objetos existem. A criança deve dizer como cada algarismo separado da notação corresponde a itens da coleção. Em termos gerais, essa pesquisa demonstra que as crianças têm dificuldade em pensar que o algarismo no lugar da dezena de um número representa o número de conjuntos de 10 objetos; em vez disso, as crianças podem dizer que o 2 no número 24 se refere a dois objetos da coleção.

Um aspecto importante deste livro se relaciona ao que Goldin e Shteingold (2001) referiram como a "perspectiva representacional". Essa perspectiva

> envolve um foco explícito tanto externo como interno, com a máxima atenção dedicada à interação entre eles. Por meio da interação com representações externas estruturadas no ambiente de aprendizagem, desenvolvem-se os sistemas de representação interna. Os alunos, então, podem criar novas representações externas. (p. 8)

Outras pesquisas (diSessa et al., 1991; Lehrer e Schauble, 2000; Lehrer et al., 2000) também demonstraram como é proveitoso comparar notações espontâneas e convencionais.

Poucos educadores contestariam a necessidade de levarmos em conta as notações matemáticas dos alunos. Entretanto, o que isso significa para a atual prática da educação matemática? Que tipos de notação os jovens alunos costumam fazer em matemática? Como suas notações evoluem ao longo do tempo? Como elas se comparam às convenções que são introduzidas na escola? Quando as notações espontâneas das crianças servem como pontes para as notações simbólicas convencionais? Quando elas são deixadas de lado e substituídas, finalmente, por notações mais promissoras? Essas são algumas das perguntas às quais tentaremos responder neste livro.

Os dados coletados por este volume resultam do uso de entrevistas clínicas piagetianas (veja Piaget, 1926/1976), com uma devida influência do trabalho de Eleanor Duckworth, 1996. As entrevistas ocorreram dentro e fora da sala de aula, e foram realizadas entrevistas individuais e coletivas. Segundo Piaget, a entrevista clínica é

> experimental, no sentido de que o profissional propõe um problema a si mesmo, faz hipóteses, adapta as condições a elas e, finalmente, controla cada hipótese, testando-a em comparação com as reações que estimula na conversa... . O exame clínico também depende da observação direta, no sentido de que o bom profissional se deixa guiar, apesar de estar sempre no controle, e leva em conta a totalidade do contexto mental. (1926/1976, p. 8)

Na entrevista clínica, o entrevistador precisa saber como observar, "isto é, precisa deixar que a criança fale livremente" (p. 9).

O trabalho de Duckworth (1996) influenciou a forma de realização das entrevistas: elas são "estendidas" ao longo do tempo e executadas, às vezes, em contextos grupais. Além disso, sua abordagem à apresentação de oportunidades para os entrevistados explorarem o assunto ao máximo teve um impacto sobre o trabalho descrito neste livro. Conforme ela mesma diz, na entrevista clínica, o pesquisador/professor

> precisa fornecer pontos de entrada acessíveis, precisa apresentar o assunto sob diferentes ângulos, respostas diferentes de alunos diversos, abrir uma variedade de caminhos a serem explorados, criar conflitos e apresentar surpresas,... encorajar os alunos a irem além de si mesmos e ajudá-los a perceber que existem outros pontos de vista a serem descobertos – que eles ainda não esgotaram as ideias que poderiam ter sobre esse assunto. (p. 135-136)

Além disso, os leitores deste livro perceberão a influência do trabalho de Inhelder, Sinclair e Bovet (1974), seja na forma de apresentar às crianças situações conflitantes, no seguimento de suas ideias e de seu pensamento ao longo do tempo, seja no exame de suas "aquisições cognitivas... e processos de transição" (p. 17).

CONEXÕES COM A HISTÓRIA DA MATEMÁTICA E SISTEMAS NOTACIONAIS

Ao longo deste livro, são feitas conexões com a história da matemática e com a história dos sistemas notacionais em diferentes campos, como música, linguagem escrita e matemática. Por meio das conexões estabelecidas, tentarei desenvolver entendimentos mais completos dos tipos de mecanismos de pensamento e de obstáculos cognitivos que podem ser identificados no desenvolvi-

Desenvolvimento matemático na criança **23**

mento das notações matemáticas, assim como as semelhanças entre os mecanismos e os obstáculos observados no desenvolvimento infantil e ao longo da história (veja Ferreiro, 1991; Ferreiro e Teberosky, 1979). A história das notações matemáticas pode ajudar a lançar luz sobre os novos entendimentos a respeito das notações infantis para problemas (veja Ferreiro, Pontecorvo e Zucchermaglio, 1996). As conexões e as semelhanças, contudo, não pretendem fornecer uma conexão causal ou uma perspectiva de ontogênese-segue-ou-repete-filogênese. Ao contrário, compartilho as suposições de Ferreiro e colaboradores (Ferreiro et al., 1996) de que explorar a história de uma disciplina pode ajudar a construir compreensões sobre o desenvolvimento das crianças. Sua explicação para a inclusão de dados históricos no contexto do estudo do desenvolvimento do letramento infantil é interessante:

> Essa digressão histórica não tem por objetivo confirmar uma hipótese de paralelismo entre o desenvolvimento psicogenético e ontogenético da escrita... Mas é possível que, durante a aquisição da linguagem escrita, a criança se depare com alguns problemas fundamentais que estavam presentes no desenvolvimento histórico das linguagens escritas. (p. 149)

Os tipos de aproximações e obstáculos cognitivos aos números escritos identificados ao longo da história podem nos ajudar a compreender as tentativas de cada criança de representar os mesmos conceitos. Além disso, a articulação do estudo do desenvolvimento infantil com o desenvolvimento das práticas estudadas ao longo da história pode ajudar-nos a atingir um entendimento mais complexo e exato do desenvolvimento das crianças em várias áreas.

UMA DEFINIÇÃO PARA NOTAÇÕES

É importante estabelecer uma definição do que queremos dizer neste livro por *notações*. Eu focalizarei o que Martí e Pozo (2000) chamaram de "sistemas externos de representação" para diferenciá-los das representações mentais. Portanto, neste livro, eu me concentrarei principalmente nas representações externas, feitas com lápis e papel, com uma existência física. Goldin também se refere a "representações externas" (1998; Goldin e Shteingold, 2001) para distingui-las das representações internas. Essas representações externas são "os sistemas representacionais compartilhados, um tanto padronizados, desenvolvidos por meio de processos sociais humanos" (Goldin, 1998, p. 146). A minha definição de notações matemáticas é emprestada de Goldin, Hughes, Kaput, Lehrer e Martí. Elas se relacionam ao que Lehrer e Schauble (2000) chamam de "modelos representacionais": inscrições materiais que, às vezes, fazem parte de sistemas de representação, mas que também podem ser não-convencionais e não sistemáticas. Utilizando as palavras de Kaput (1991), sistemas representacionais são "os artefatos culturais ou linguísticos materialmente realizáveis, compartilhados por uma comunidade cultural ou linguísti-

24 Bárbara M. Brizuela

ca" (p. 55). Hughes (1986) também se refere a esses tipos de representação como "simbólicas": aquelas representações que correspondem a convenções amplamente adotadas.

Com essa advertência em mente, todavia, é importante fazer outra distinção entre notações e representações. Partindo da compreensão das representações como internas ou mentais (veja Freeman, 1993), Lee e Karmiloff-Smith (1996) distinguiram notações e representações da seguinte maneira:

> Nós reservamos o termo "representação" para referir o que é interno à mente e o termo "notação" para o que é externo à mente... Enquanto a representação reflete como o conhecimento é construído na mente, a notação estabelece uma relação de "representar" entre um referente e um signo. (p. 127)

Lee e Karmiloff-Smith (1996) argumentam que as representações externas incluem escrita, notações numéricas, desenhos, mapas e qualquer outra forma de marcas gráficas criadas intencionalmente. Esses tipos de representações externas são caracterizados por ter uma existência independente de seu criador, ter uma existência material que garante a sua permanência e por constituir sistemas organizados. Segundo Martí e Pozo (2000), para que uma entidade seja considerada um sistema, deve haver pelo menos uma relação entre uma marca gráfica e aquilo que ela representa. De acordo com essa definição, quase qualquer notação pode ser considerada parte de um sistema. A definição de Nemirovsky (1994) de sistema simbólico ajuda a esclarecer o significado de *sistema*:

> Por "sistema simbólico" eu me refiro à análise de representações matemáticas em termos de regras. Por exemplo, gráficos cartesianos podem ser considerados um sistema simbólico, isto é, um conjunto de elementos governados por regras, como pontos sendo determinados por valores de coordenadas, de maneiras específicas, em escalas que demarcam unidades de forma regular. (p. 390)

Dadas as variações nas definições de representação, decidi empregar o termo *notação* em todo este livro. Assim, as notações se incluem no que alguns pesquisadores chamam de representações externas. Ademais, as inevitáveis relações ou regras estabelecidas pelos criadores de notações entre suas marcas gráficas e o que elas pretendem representar fazem com que essas notações, sejam elas idiossincráticas ou convencionais, constituam parte de sistemas notacionais mais amplos.

ORGANIZAÇÃO DO LIVRO

Este livro está organizado cronologicamente em termos das idades das crianças descritas em cada capítulo. Isso leva a duas sequências que se sobre-

Desenvolvimento matemático na criança **25**

põem: uma ordem em termos da idade crescente das crianças (de 5 a 9 anos) e uma ordem em termos da crescente complexidade do conteúdo matemático tratado nas notações. Usei pseudônimos para proteger a privacidade das crianças estudadas. Nos Capítulos 3, 5, 6 e 7, utilizo os nomes verdadeiros das crianças, já que elas e os pais solicitaram ou permitiram isso.

No Capítulo 2, falo de George, um aluno de pré-escola de 5 anos, o qual será apresentado tentando criar uma maneira sistemática de escrever números, no seu modo idiossincrático, e tentando compreender como funciona o sistema numérico escrito. Especificamente, focalizarei a maneira como George escreve as "dezenas" e como isso pode estar relacionado ao desenvolvimento de sua compreensão a respeito do sistema numérico escrito e do valor posicional.

No Capítulo 3, meu foco é Paula, outra aluna de 5 anos de pré-escola, a qual, no processo de desenvolver um sistema para nomear e escrever números de dois algarismos acima de 12, inventa a ideia dos "números maiúsculos". A interação entre invenções e convenções, uma das questões principais apresentadas no livro, é salientada no capítulo de Paula.

Thomas é o foco do Capítulo 4. Ele é um aluno muito sofisticado da pré-escola, de 6 anos, o qual, durante uma série de entrevistas clínicas, lida com o papel e com a função das vírgulas e dos pontos nos números. O seu caso salienta as conexões entre as ideias das crianças e a história das notações matemáticas, e os significados conceituais que evoluem gradualmente acerca do sistema numérico escrito e das notações usadas para representar esses significados em evolução.

Os dados dos Capítulos 5, 6 e 7 são oriundos do projeto Early Algebra, dirigido por Analúcia Schliemann (Tufts University) e David Carraher (TERC). Sara é o tópico central do Capítulo 5. Ela é uma aluna de 3ª série que está desenvolvendo notações de problemas que tratam de frações. O foco do capítulo não será apenas a evolução da sua compreensão de problemas, frações e suas notações, mas também o uso que ela faz das notações para "ajudá-la a pensar", conforme ela mesma explica. Os fatos que serão analisados no Capítulo 5 são oriundos de situações de sala de aula, nas quais ela discute com amigos o tipo de notação mais apropriado, e de um seguimento em uma entrevista clínica subsequente.

No Capítulo 6, passamos para uma matemática ainda mais complexa, embora permanecendo no foco K-3 do livro. Esse capítulo contém descrições do trabalho com tabelas de dados de um grupo de alunos da 2ª e da 3ª séries, com ênfase em Jennifer, uma das crianças. Ao descrever o trabalho de Jennifer com tabelas de dados, ressaltarei a evolução de seu pensamento sobre conceitos matemáticos, como as relações aditivas, suas ideias sobre tabelas de dados em geral e os meios pelos quais as crianças trazem para as notações, tal como as tabelas de dados, os seus próprios métodos idiossincráticos de representação, assim como as convenções das quais se apropriam gradualmente.

No Capítulo 7, exploro as inter-relações entre diferentes tipos de notações. Esse capítulo focaliza uma extensa entrevista clínica que realizei com três alunos de 3ª série – Jennifer, Nathan e Jeffrey – em que examinamos um problema que trata de funções e buscamos diferentes maneiras de representar o problema. Durante a entrevista, as crianças examinaram diferentes tipos de notação: tabelas de dados, fileiras de números, gráficos e linguagem natural. Esse capítulo reúne muitos dos pontos tratados em capítulos anteriores: as formas pelas quais as crianças usaram as notações para ajudá-las a pensar sobre o problema; as formas pelas quais elas combinaram sua maneira espontânea de representar e as convenções das quais já se apropriaram, além dos modos pelos quais as notações refletem e incorporam os significados conceituais das crianças sobre funções.

No Capítulo 8, reúno algumas das principais ideias apresentadas no livro, salientando o processo de aprendizagem por trás das notações matemáticas e a importância da teoria de Piaget no nosso pensamento sobre esse campo.

2

George: números escritos
e o sistema numérico escrito

George: Dezessete (escrevendo 70). Tem o sete (apontando para o 7)
e tem a dezena (apontando para o zero).
Bárbara: E onde está a dezena aqui (apontando para o número que
tinha escrito, que era 08 para representar 18)? Dezoito.
Onde está a dezena?
George: Esta é a dezena (apontando para o zero no 08).

A aprendizagem dos números escritos por parte da criança envolve aprender não apenas os elementos isolados do sistema, mas também, simultaneamente, aprender sobre o sistema em si e as regras que o governam. Por exemplo, as crianças aprendem que o nosso sistema numérico escrito é constituído por um número finito de elementos – dez algarismos, do zero ao nove – e que esses algarismos são combinados de maneiras infinitas para compor os diferentes números. Elas também precisam aprender sobre as regras que governam o sistema, por exemplo, sobre a base dez e o valor posicional, entre outras coisas. O foco deste capítulo são as ideias de George sobre números escritos e como eles funcionam.

O sistema numérico escrito que usamos é representado por meio de dois elementos: base dez e valor posicional. A base do sistema numérico escrito significa que tantas unidades de uma ordem formam uma unidade de ordem imediatamente superior. No sistema de numeração decimal (base dez), dez unidades de uma ordem formam uma unidade (1) de ordem imediatamente superior. O historiador Ifrah (1918/1985) acredita que a base dez foi escolhida por ser "anatomicamente conveniente" (p. 34) por causa dos nossos dez dedos. Mas a base dez, de fato, tem vantagens em relação a bases maiores, como 20 ou 60, por requerer poucas palavras para designar números, o que facilita lembrarmos o leque de números. A base dez também tem vantagens em relação a bases menores, como dois ou três, as quais são muito menos convenientes para escrever. Outras bases, contudo, coexistem com o nosso sistema numérico de base dez. A base 60, por exemplo, é usada para medir o tempo, os

28 Bárbara M. Brizuela

arcos e os ângulos (Ifrah, 1985; Struik, 1987). Na numeração francesa falada,[*] a base 20 coexiste com a base dez (*quatre-vingts* [quatro 20s] é 80 e *quatre-vingts-dix* [quatro 20s e mais 10] é 90).

O valor posicional está implícito no sistema de base dez. Devido ao aspecto do valor posicional no nosso sistema numérico escrito, existe uma progressão geométrica conforme avançamos de uma ordem para outra ordem em um número escrito (Confrey, 1994; Confrey e Smith, 1995; Lampert, 1989). São usados algarismos de zero a nove, e esses algarismos são combinados de várias maneiras para formar números escritos; o valor do número é determinado pelos algarismos e pela posição que cada um deles ocupa. O valor da posição nos permite usar um número limitado de algarismos (dez algarismos na sequência 0, 1, 2, 3, 4, 5, 6, 7, 8, 9) para registrar qualquer número natural, independentemente de ele ser pequeno ou grande. O algarismo 1 escrito na posição das unidades (à esquerda imediata da vírgula decimal ou à extrema direita se não houver vírgula decimal) denota uma unidade; o mesmo algarismo escrito na posição à esquerda do lugar das unidades denota dez; o mesmo algarismo escrito na posição à esquerda do lugar das dezenas significa cem; na próxima posição, mil, e assim por diante. Os historiadores chamaram o sistema de valor posicional de "sem dúvida alguma, uma das mais férteis invenções da humanidade" (Neugebauer, 1962, p. 5) – tornando as operações aritméticas relativamente fáceis de realizar e tornando o sistema numérico escrito um sistema relativamente fácil de compreender. O conceito do valor posicional foi desenvolvido pela primeira vez pelos matemáticos e astrônomos da Babilônia, talvez no início do segundo milênio a.C. (Ifrah, 1985).

Outro aspecto do nosso sistema numérico escrito é o uso do zero como um guardador de lugar. Esse uso foi introduzido em 300 a.C. pelos babilônios. Os matemáticos babilônios usavam o zero em uma posição medial nos números (como no número 408), e os astrônomos usavam-no nessa posição e também em posições finais e iniciais (como no 30 e nas frações sexagésimas). Na história das notações numéricas, a introdução do uso do zero como um guardador de lugar foi muito importante para reduzir a ambiguidade na interpretação dos números escritos (isto é, se nenhum zero fosse incluído no 30, como saberíamos que o número é 30, e não 3?). Entretanto, o *conceito* de zero para indicar ausência, como um número, existia entre os hindus dos séculos VI ou VII, mas não existia nenhuma *notação* para esse conceito. "Há textos antigos em que a palavra *nya*, significando 'zero', é empregada de modo explícito" (Struik, 1987, p. 67). A notação do zero conforme a usamos hoje – *tanto* para indicar o número zero *como* para funcionar como um guardador de lugar – parece ser uma invenção relativamente recente (em algum momento após o século VI, mas antes do XII).

---

[*]N. de R.T. Na numeração francesa falada usa-se simultaneamente a multiplicação e a adição para representar dezenas. Nem todos os países de língua francesa adotam esta forma de falar os números.

Desenvolvimento matemático na criança **29**

O sistema numérico escrito utilizado por nós é uma maneira simples e econômica de representar números. Também permite a realização de cálculos simples do cotidiano e de outros bastante complexos. A base dez e o valor posicional, todavia, são apenas algumas, entre muitas outras maneiras, de registrar números. Outros sistemas numéricos usam a base dez sem o valor posicional (o sistema notacional chinês é um exemplo particularmente claro), e alguns usam notação posicional e bases diferentes de dez (o sistema babilônico tinha caracteres sexagesimais e decimais).

Ao explorar o entendimento que a criança tem dos números escritos, podemos descobrir algumas das hipóteses que ela cria a respeito de como funcionam os números escritos e o sistema numérico escrito. Ferreiro (1986a) emprega o termo *hipótese* para se referir amplamente a ideias ou a sistemas de ideias construídos pelas crianças para explicar a natureza e o modo de funcionamento da linguagem escrita como um objeto de conhecimento. Eu utilizo a palavra *hipótese* com o mesmo significado. Às vezes, uso os termos *ideias, sistemas de ideias* ou *hipóteses* de maneiras análogas. Igualmente, Vergnaud (1985, 1988) fala sobre os "teoremas infantis em ação", e Karmiloff-Smith e Inhelder (1975), sobre as "teorias" infantis.

Neste capítulo, o exemplo de George esclarece algumas das ideias desenvolvidas pelas crianças conforme elas se apropriam dos números escritos. O caso também salienta o tipo de lógica construído pelas crianças a respeito do sistema numérico escrito, uma lógica comparável àquela que fundamenta o próprio sistema.

George era um menino de 5 anos, o qual frequentava a pré-escola de uma escola pública. Ele foi entrevistado individualmente como parte de um estudo maior envolvendo 30 crianças de pré-escola (Brizuela, 2001). George vivia em uma comunidade pobre às margens da cidade, e as famílias de seu bairro eram de classe baixa/média-baixa, de classe trabalhadora, de diversos *backgrounds* raciais e étnicos.

Durante a entrevista, apresentamos a ele uma série de tarefas em que seu entendimento de números escritos e do sistema numérico escrito foi explorado. Pedimos a George, nas diferentes tarefas, que interpretasse e produzisse números escritos.

HABILIDADES MOTORAS FINAS DE GEORGE E SEU ENTENDIMENTO DO SISTEMA NUMÉRICO

Durante a entrevista, as marcas gráficas que George fez foram desajeitadas e imperfeitas. Entretanto, argumentarei que suas marcas gráficas imperfeitas não são bons indicadores de sua compreensão do sistema numérico. Isto é, mesmo que manifestasse algumas dificuldades ao traçar as formas dos números escritos, ele já desenvolvera algumas ideias complexas em relação à lógica subjacente ao sistema numérico escrito. Aprender algo sobre números escritos, então, *não* significa meramente aprender como fazer as formas e como aperfeiçoar habilidades perceptivo-motoras; não envolve tarefas como preencher folhas de resposta com pontos a serem conectados e páginas com as formas corretas para cada número.

No seguinte trecho, George tinha de escrever os números 7, 1, 9, 19 e 8 (veja a Figura 2.1). Depois, eu lhe fiz várias perguntas:

> Bárbara: Qual deles é o maior? De todos os números que estão aqui – um, sete, nove, oito (apontando para a escrita de George) –, qual deles é o maior?
> George: (Aponta para o 9 – seu número 9 [veja a Figura 2.1c].)
> Bárbara: Nove? Como você sabe?
> George: Fácil, porque primeiro você vai para um, depois vai para dois, depois vai para três, depois vai para quatro, depois vai para cinco, depois vai para seis, depois vai para sete, depois vai para oito, depois vai para nove (escrevendo cada um desses números conforme os nomeia e conta [Figura 2.2]).
> Bárbara: Você pode fazer o dez?
> George: Zero e um um (escreve 01 [Figura 2.3]). Depois você vai para nove, não, dez.

Quando George escreve os números de 1 a 9, podemos ver que ele tem muita dificuldade para fazer as diferentes formas. De fato, muitas vezes, para

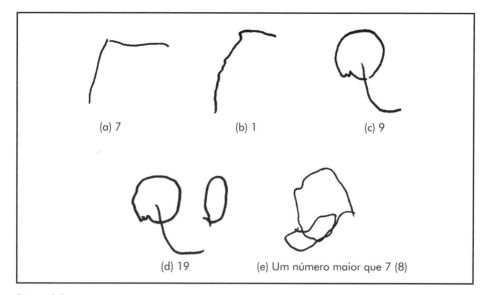

Figura 2.1
A escrita de George de vários números não ordenados.

Desenvolvimento matemático na criança **31**

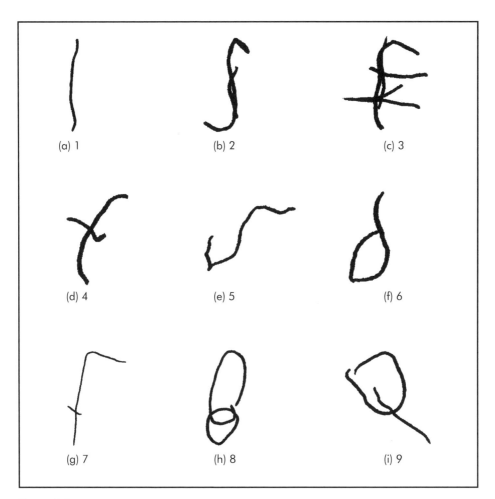

Figura 2.2
George escrevendo de 1 a 9.

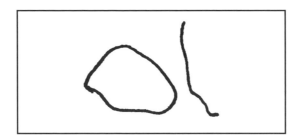

Figura 2.3
George escrevendo 10.

mim, teria sido muito difícil distinguir o número que ele estava escrevendo se eu não estivesse prestando bastante atenção e não tivesse tomado notas cuidadosas enquanto ele trabalhava. No entanto, como veremos a seguir, sua escrita imperfeita não diz nada sobre as reflexões que ele começara a fazer sobre o sistema numérico escrito. De maneira semelhante, na área da linguagem escrita, pesquisadores (Ferreiro e Teberosky, 1979) salientaram que as habilidades motoras finas da criança e sua escrita imperfeita dizem muito pouco sobre seus significados complexos.

GEORGE USA NÚMEROS CORINGAS

O processo de se apropriar dos números escritos não é automático. Ao contrário, é um processo construtivo, complexo, de vaivém. As crianças interagem com números escritos todos os dias: nos sinais da rua, em portas, em telefones, em notas e moedas, na televisão. Lentamente, elas começam a construir um significado de como funciona o sistema numérico escrito. Além disso, começam a associar as palavras usadas para contar com os números escritos associados a elas: um-dois-três-quatro-cinco-seis-sete-oito-nove-dez... 1-2-3-4-5-6-7-8-9-10...

No processo de começar a escrever o que, para as crianças, são números mais complexos – como os números de dois algarismos – faz sentido pensar que elas levam um certo tempo para aprender a escrevê-los. Por exemplo, quando pedi a George para escrever o número 19, ele disse: "Eu não sei fazer isso. Mas pelo menos vou escrever um 9" (veja a Figura 2.4, à esquerda). Nesse caso, George indicou que o 9 era um elemento do 19; ao dizer "pelo menos", ele estava indicando que poderia haver um elemento faltando em sua escrita.

> Bárbara: OK. Então o nove está no dezenove? Este (apontando para o 9 que ele escrevera) está no dezenove?
> George: Sim.
> Bárbara: E o que está faltando, então, para que seja dezenove?
> George: Dezena (acrescentando 0 à sua escrita na Figura 2.4 e acabando por escrever 90 [veja a Figura 2.4, à direita]).

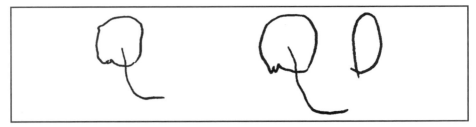

Figura 2.4
George escrevendo 9 e 19.

Mais tarde, durante a entrevista, pedi a George que escrevesse o número 14.

George: Eu vou fazer um pequeno. Um dezoito pequeno.
Bárbara: Você está escrevendo catorze ou dezoito?
George: Dezoito (escrevendo 08 [Figura 2.5]).
Bárbara: OK. Você escreveu dezoito. Poderia escrever oitenta e três?
George: Não, mas eu sei escrever dezessete.
Bárbara: Vamos ver, escreva dezessete.
George: Dezessete (escrevendo 70 [Figura 2.6]). Tem o sete (apontando para o 7) e tem a dezena (apontando para o 0).
Bárbara: E onde está a dezena aqui (apontando para sua escrita do 18 [veja a Figura 2.5] como 08)? Dezoito. Onde está a dezena?
George: Esta é a dezena (apontando para o 0 em 08).

Neste intercâmbio, George nos mostra coisas importantes que sabe e que não sabe. Em primeiro lugar, George nunca chamou o zero de "zero"; ele o

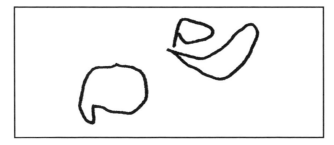

Figura 2.5
George escrevendo 18.

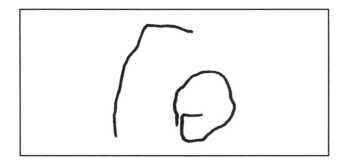

Figura 2.6
George escrevendo 17.

34 Bárbara M. Brizuela

chamou de "dezena". George apontou, sem hesitar, para o símbolo 0 como sendo o elemento de dezena do número. Ele afirmou claramente, a princípio, que não sabia como escrever a dezena e depois decidiu escrever zero para a dezena. Ele também estava *ciente* do fato de que não sabia algumas coisas sobre escrever números. Ele sabia que o número 9 era escrito e incluído no 19, que o 8 era escrito no 18 e que o 7 era escrito no 17. Ele também sabia e estava ciente de que havia uma outra parte do número que explicitamente afirmou não saber – a "dezena". Ele disse que "não sabia como [escrever o número 19]", afirmou que estava faltando a dezena na sua escrita e depois escreveu zero para representar a dezena. Ele reconheceu que havia uma parte do número que ele não sabia e, por fim, decidiu incluir o zero para representar essa parte. No contexto da entrevista, não fica claro, e nós não podemos saber, se George estava ciente de que o símbolo que ele estava usando era realmente zero; a partir dos dados coletados, nós apenas podemos supor que ele estava usando um símbolo para representar a dezena, mas a conexão com o zero, necessariamente, não estava lá para George. Alvarado e Ferreiro (2000; veja também Alvarado, 2002) relataram o mesmo tipo de reação em crianças mexicanas de 5 anos. Elas chamaram esse tipo de solução por parte das crianças de "números coringas". Números coringas são aqueles que as crianças escrevem quando estão cientes de que um elemento adicional deveria estar incluído em sua escrita, mas não têm certeza de qual algarismo incluir. Alvarado e Ferreiro identificaram vários usos de números coringas: encontraram uma alta frequência do uso de zero como um número coringa, um uso consistente do mesmo número coringa em diferentes números escritos e uma variação do número coringa usado em cada um dos números escritos pela criança. No caso de George, antes relatado, ele disse que estava faltando a dezena e, então, escreveu zero e identificou-o como sendo a dezena no número. Quinteros (1997) também relatou o uso de letras coringas por crianças. Segundo Quinteros, quando as crianças usam letras coringas,

> elas não têm certeza de terem usado a letra adequada, mas as usam, de toda maneira, e essas letras passam a funcionar como letras coringas. Esses coringas... são incluídos para substituir uma letra que elas têm certeza de que deveria estar incluída na palavra escrita, sem saber qual é. (p. 39)

Este caso é comparável ao caso de George, que estava ciente de que faltava algo no número que escrevera, mas não tinha certeza de qual algarismo incluir e, subsequentemente, decidiu incluir o zero. George sabia que, se escrevesse apenas um 9 para o 19, um 8 para o 18 ou um 7 para o 17, alguma coisa estaria faltando em sua escrita. Esses algarismos, sozinhos, não poderiam representar a parte da dezena do número com o símbolo 0. Ele decidiu representar a parte da dezena com o símbolo 0. Para nós, esse símbolo é um zero, mas não podemos ter certeza, a partir dos dados da entrevista, do que esse símbolo representava para George, além de representar a dezena. O exemplo de George também mostra-nos que ele sabia que números *diferentes* (como 9 e 19) precisavam ser representados de maneiras *diferentes*. George sabia que 9 era um algarismo de 19 e que alguma parte do número, a parte que soa como "dezena", estava faltando. Ao escrever 0, ele encontrou um modo de representar a parte que estava faltando sem necessariamente ter consciência do que estava representando (10) ou do significado do algarismo que estava usando.

Nós só podemos conjecturar sobre *por que* George usou zero para representar a dezena. Uma conjecturar seria que o zero foi tirado do dez que a dezena representava – em vez de tirar um do dez para representar a dezena, ele tirou zero do dez. A partir dos dados disponíveis na entrevista de George, não há maneira de se saber se esta foi ou não a intenção de George. Também é importante considerar, conforme fora mencionado, os dados disponíveis em Alvarado e Ferreiro (2000) em relação ao uso frequente do zero como um número coringa por parte das crianças mexicanas, porque, conforme as autoras apontam, o zero tem um *status* especial: "Ele é um número especial, um quase número, porque não é usado para contar" (p. 12).

Com referência ao que foi dito anteriormente sobre o seu conhecimento de números escritos *versus* os tipos de marcas escritas feitas por ele, podemos ver que George, de fato, compreendia coisas importantes sobre como o sistema funciona, coisas que talvez não lhe tinham sido ensinadas direta ou explicitamente:

- existem números com um algarismo e com dois algarismos;
- números com nomes diferentes precisam ser escritos de forma diferente;
- os algarismos que ele conhecia (1 a 9) fazem parte dos números de dois algarismos;
- o zero, quer como número quer como marca gráfica (a partir dos dados da entrevista, não temos certeza do *status* que o zero tinha para George), pode fazer parte de um número de dois algarismos.

Na amostra mais ampla da qual foi tirado o exemplo de George, em duas tarefas diferentes que requeriam que as crianças produzissem números de dois algarismos, um terço delas usou números coringas para representar as partes dos números que elas não sabiam bem como representar.

Além disso, no estudo de 30 crianças de pré-escola do qual foi selecionada a entrevista de George (Brizuela, 2001), a maioria das crianças escreveu números de dois algarismos com dois algarismos. Notavelmente, em todas as 30 entrevistas que foram realizadas, houve apenas três casos em que as crianças não escreveram números de dois algarismos com dois algarismos. Marcos escreveu 41 como 401; Cory escreveu 52 como 1321; e Mikey escreveu 41 como 144. A escrita de 41 como 401 – ou de 301 como 3001 e de 1.002 como 10002 – foi relatada alhures como uma inclusão das "dezenas" ou "centenas", e assim por diante, na escrita de números (Lerner e Sadovsky, 1994; Scheuer, Sinclair, Merlo de Rivas e Tièche Christinat, 2000). Quando pedi às crianças que escrevessem números de dois algarismos, a única informação que lhes foi dada sobre como

36 Bárbara M. Brizuela

escrever o número foi o nome do número. Mesmo números como 60, os quais poderiam ser considerados menos transparentes (a criança teria de identificar que elementos existem em 60 – um 6 [para seis 10s] e um 0 [para zero unidades]), foram escritos com dois algarismos. A *transparência* de um número tem a ver com a possibilidade que tem um interlocutor ingênuo de identificar os elementos que constituem um número escrito composto a partir de seu nome. Haas (1996) explica que os números são escritos em uma ordem temporal que é decrescente – dos elementos maiores para os menores. A maioria dos números também segue essa ordem temporal decrescente em seu enunciado, e há razões práticas para isso: com números maiores, quando seguimos uma ordem temporal decrescente ao nomear o número, estamos nomeando primeiro o elemento que representa o valor maior. Greenberg (1978) explica que, em linguagens que utilizam números hindu-arábicos, os números menores, em geral, são nomeados verbalmente na ordem menor + maior (no 14, o algarismo menor, 4, é nomeado antes do maior, mesmo que escrevamos o algarismo maior antes do menor). Cada língua tem um ponto de corte[*], que em inglês é 20: antes do 20, os números compostos são falados na ordem menor + maior e, depois do 20, na ordem maior + menor. Greenberg (1978) explica que "evidentemente, existe um princípio cognitivo envolvido na preferência pela ordem maior + menor... A ordem oposta deixa o ouvinte no escuro até ser atingido o último item" (p. 274).

Neste contexto, os números transparentes serão aqueles que seguem, na escrita e na fala, a ordem temporal maior + menor, assim como aqueles em que os elementos dos números escritos podem ser identificados a partir dos números falados.

Em uma linha semelhante, em outro estudo, executado por Mônica Alvarado (2002), 25 alunos de pré-escola foram entrevistados e solicitados a produzir números de dois algarismos isoladamente, sem qualquer referência a uma quantidade específica: números de telefone, por exemplo, "36, 11, 25". Nessa tarefa, das 350 produções de números que foram ditados, 345 foram escritos com dois algarismos, mesmo que as produções não fossem convencionais. As cinco produções que não usaram dois algarismos seguiram uma escrita aditiva de números, por exemplo, escrever 108 para 18.

O PAPEL DA POSIÇÃO RELATIVA NAS IDEIAS DE GEORGE SOBRE NÚMEROS ESCRITOS

O valor posicional constitui um aspecto essencial do nosso sistema numérico escrito. Ele é um aspecto que tem sido considerado uma das invenções e contribuições mais importantes ao sistema numérico. A complexidade, para as crianças, do aspecto do valor posicional em nosso sistema numérico foi reconhecida por professores do ensino fundamental e por pesquisadores da educa-

---

[*] N. de R.T. Em português, o ponto de corte é o número 15.

Desenvolvimento matemático na criança **37**

ção (C. Kamii, 1985, 1989, 2000; M. Kamii, 1980; Lerner, 1994; Ross, 1986). Pesquisadores afirmaram, por exemplo, que

> embora já na 1ª série seja apresentado às crianças o significado "do dez e do um"... numerosos estudos documentam que o significado do valor posicional por parte da criança geralmente é pequeno durante as séries iniciais. (Ross, 1986, p. 1)

> O valor posicional é difícil demais para os alunos da 1ª série, e extremamente confuso para os da 2ª e até da 3ª série. Agrupar objetos e lidar com grandes quantidades é um problema, mas coordenar quantidades agrupadas com o sistema de numeração é outro bem diferente. (Kamii, 1980, p. 12)

> Na 4ª série, finalmente, o valor posicional é dominado por apenas metade das crianças. (Kamii, 1989, p. 14)

> A introdução inicial do sistema decimal e do sistema de notação posicional nele baseado é, por concordância comum dos educadores, a tarefa instrucional mais difícil na matemática nos primeiros anos escolares. (Resnick, 1983, p. 126)

Além disso, a compreensão do sistema do valor posicional numérico é importante para outras áreas da aprendizagem matemática, tal como cálculos, potenciações (Confrey, 1991, 1994; Lampert, 1989) e frações decimais (Aaboe, 1964). Ao mesmo tempo, "construir o significado do valor posicional necessariamente implica compreender outros aspectos do nosso sistema numérico escrito" (Sinclair e Scheuer, 1993, p. 200). Devido ao aspecto do valor posicional do nosso sistema numérico, existe uma progressão geométrica da base conforme avançamos de uma ordem para outra ordem em um número (isto é, para cada ordem, quando movemos um algarismo para a esquerda, seu valor é multiplicado por um fator constante 10), e há uma relação entre o valor de um algarismo e o valor posicional em que ele está (Confrey, 1991; Lampert, 1989). Esses aspectos são traduzidos em uma certa notação: é usado um número finito de símbolos ou algarismo (de 0 a 9), e esses algarismos são combinados de diferentes maneiras para expressar todos os números naturais; o valor do número é determinado pela posição que cada um dos algarismos ocupa.

Conforme já afirmei, a pesquisa na educação matemática identificou que os alunos realmente não compreendem o valor posicional enquanto eles estão nas séries iniciais do ensino fundamental (C. Kamii, 1985, 1989, 2000; M. Kamii, 1980; Lerner, 1994; Ross, 1986). Entretanto, eu acredito que a gênese do valor do lugar ainda não foi explorada em sua totalidade. Embora as crianças possam não compreender por completo o valor posicional como uma regra que governa o nosso sistema numérico, elas podem ser capazes de começar a desenvolver ideias sobre a importância da ordem e da posição nos números escritos. Em seus próprios nomes, por exemplo, crianças bem pequenas sabem que a primeira e a última letra são diferentes. A primeira letra em um nome é uma letra muito importante, a qual adquire, assim, um *status* especial. Conforme mencionei antes, as crianças constroem uma lógica sobre o sistema numé-

38 Bárbara M. Brizuela

rico escrito comparável à lógica do próprio sistema. Se elas não ignoram outros aspectos da lógica do sistema, por que ignorariam esse aspecto específico, o do valor posicional?

Em sua entrevista, George começou não se concentrando na posição dos algarismos nos números que escrevia. Por exemplo, ele escreveu 01 para 10 (veja a Figura 2.3), e eu fiz a ele as seguintes perguntas:

Bárbara: Qual é este (apontando para 01 em sua escrita de 10)?
George: Dez (apontando para 01).
Bárbara: Dez? E este (apontando para o 10, impresso em um cartão que apresentei a ele)?
George: Dez.
Bárbara: Ambos são dez?
George: Sim.
Bárbara: Mas, veja, este começa com um (apontando para o 10 impresso no cartão que lhe dera). Este começa com um zero (apontando para o 01 em sua escrita do 10).
George: O zero...
Bárbara: Qual é dez?
George: (Aponta para 01, o seu 10.)
Bárbara: E este aqui (apontando para o 10 no cartão)?
George: Um zero.
Bárbara: Não é dez (George concorda). Então, não faz diferença se ele começa com zero, certo (apontando para 01)?
George: Sim.

Para George, a posição dos diferentes algarismos em um número era um fator volátil como distinção entre números. A princípio, ele não distinguia entre 01 e 10, indicando que não diferenciava esses dois números com base na posição dos algarismos. Mais tarde, todavia, provavelmente por minha sugestão, George decidiu que 10 e 01 eram números diferentes, indicando que a ordem da colocação dos algarismos no número estava começando a fazer diferença para ele. Pela primeira vez na entrevista, ele reconheceu que, se os algarismos estavam em uma posição diferente, então o número seria diferente. Antes desse momento, contudo, ele não tivera de comparar números. Quando precisou comparar números, a posição passou a ser relevante. O que também ficou evidente nas minhas perguntas, como naquela sobre 01 "começar" com zero, foi que "começar" não significava a mesma coisa para George, porque a posição dos algarismos não era constante ou proeminente para ele. No seguinte trecho, escrevi três números para George (Figura 2.7); os três números eram diferentes, mas todos continham os mesmos elementos ou algarismos, em diferentes posições. Eu escrevi cada um dos números e pedi a George que os comparasse:

Desenvolvimento matemático na criança **39**

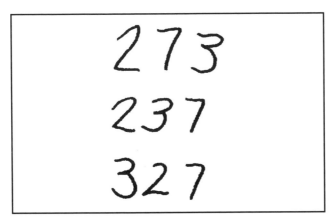

Figura 2.7
Números escritos por mim para George comparar.

Bárbara: OK. E este número, George? Olhe para este. Você acha que um deles é maior (escrevi 273 e 237 [Figura 2.7])?
George: Eu acho que este é maior (apontando para 273).
Bárbara: Por quê? Este que está em cima?
George: Sim.
Bárbara: Por quê?
George: Porque este (apontando para o 7 em 273) é mais do que estes dois (apontando para o 2 e o 7 no 237 e no 273).
Bárbara: Este é o número mais alto? O sete? Ou o ... (apontando para o 7 em 273).
George: Estes dois são os mais altos (apontando para o 7 no 273 e no 237). Este é mais alto (apontando para o 7 no 273), então é o maior (apontando para o 273).
Bárbara: Como você sabe?
George: Eu sei, só não sei como eu sei.

Quando ele teve de comparar dois números que tinham a mesma quantidade de elementos e os mesmos algarismos, ele decidiu se concentrar nos algarismos individuais do número. Uma vez que 273 tinha um 7, ele decidiu que 273 era maior. Ele desconsiderou o fato de que seu argumento não se sustentaria se o 237 *também* tivesse um 7. Ao decidir que 273 era maior, George estava começando a se concentrar na *posição* dos algarismos como um critério para decidir qual número era maior, uma vez que o 273 era o único número em que o 7 estava na posição do meio. Seguindo os acontecimentos neste trecho, eu pedi a George que comparasse outros números de três algarismos:

40 Bárbara M. Brizuela

Bárbara: E este aqui (apontando para o 573 que lhe apresentara em um cartão)?

George: Um número alto.

Bárbara: Um número alto? Mas qual é maior? Este aqui ou este aqui (apontando para 573 e 134, em dois cartões diferentes)?

George: (Aponta para 134 no cartão.)

Bárbara: Por quê? Como você sabe?

...

George: Porque tem quatro (apontando para o 4 no 134) e este outro tem três (apontando para o 3 no 573).

...

Bárbara: Então este aqui é maior, você acha (apontando para o 134)?

George: (Faz que sim com a cabeça.)

Ao comparar o *último* algarismo em 134 e 573, George decidiu que 134 era maior porque 4 era maior do que 3. Ele manteve essa posição apesar do fato de eu ter insistido em que ele olhasse e comparasse outros algarismos no número. Sua análise dos algarismos isolados foi semelhante à análise que ele tinha feito originalmente de 273 e 237, na qual comparou algarismos isolados nos dois números para decidir qual era maior. No caso de sua comparação de 573 e 134, ele estava claramente concentrado em comparar os algarismos isolados. Além disso, nesse caso, ele se concentrou em comparar algarismos na *mesma posição*. Assim, a posição começou a ser importante na comparação de números, como com 10 e 01. A comparação de 573 e 134, entretanto, era mais complexa do que a de 10 e 01 ou de 273 e 237, porque esse primeiro par de números não tinha os mesmos algarismos ou elementos.

O sistema numérico escrito é formado por um conjunto finito de elementos, que podem, por sua vez, ser combinados para formar infinitos números. O seguinte trecho mostra como George estava ciente dos limites impostos pelo próprio sistema sobre sua produção de números.

Bárbara: Você acha que poderia inventar um novo número?

George: Sim.

Bárbara: Sim? Como qual número?

George: Como um novo sete.

Bárbara: Um novo sete? Uma nova maneira de desenhar um sete?

George: Um novo oito. Um novo nove, um novo dez e um novo onze.

Bárbara: Você quer me mostrar um novo sete?

George: Sim.

Bárbara: Mostre-me um novo sete.

George: (Escreve 7, inclinado para o lado [Figura 2.8a].)

Bárbara: O que faz com que ele seja novo?

George: Ele está apontando para esse lado (convencionalmente), e este (o que ele escrevera antes [veja a Figura 2.2g]) está apontando para este lado (é uma imagem em espelho).
Bárbara: Oh, entendo. Isso faz com que ele seja novo. Você poderia fazer um novo oito?
George: (Escreve 8, tentando fazê-lo como uma linha curva em vez dos dois círculos que fizera anteriormente [veja a Figura 2.2h e 2.8b].)
Bárbara: O que faz com que ele seja novo?
George: (Pausa)
Bárbara: Mas como as pessoas podem saber qual é qual?
George: Eu não sei.

Figura 2.8
Os novos números de George.

Neste caso, George descobriu uma diferenciação *figurativa* dos números 7 e 8. O que determinava para ele que esses eram novos números era que eles *pareciam* diferentes e tinham uma forma diferente. No entanto, uma vez que aspectos figurativos e operativos não podem ser isolados uns dos outros no pensamento (veja Fraisse e Piaget, 1969; Piaget, 1961/1969; Piaget e Inhelder, 1966/1971, 1968/1973), nós também podemos supor que havia um conhecimento sobre o sistema numérico escrito que apoiava essa transformação figurativa dos números: ele conhecia os elementos do sistema numérico escrito; portanto, descobriu que apenas transformações figurativas deles podiam resultar em "novos" números. A fim de criar um "novo" número, George trabalhou sobre o conjunto de números que ele já conhecia.

REFLEXÕES

Esta entrevista com George mostra como, apesar de sua tenra idade e das muitas dificuldades que tinha para escrever números, ele desenvolvera ideias importantes sobre como funciona o sistema numérico escrito, especialmente em relação ao papel da posição nos números e aos elementos que formam o

42 Bárbara M. Brizuela

sistema. Como professoras de crianças do nível de George, nossa tendência talvez seja a de subestimar quanto elas já sabem e quanto mais elas são capazes de aprender sobre números escritos. Sua tenra idade e suas habilidades motoras finas imperfeitas não são bons indicadores da complexidade de seu pensamento e compreensões. Conforme será mostrado nos dois capítulos seguintes, nos exemplos de Paula e Thomas, as crianças constroem significados muito complexos sobre os números escritos e sobre o sistema numérico escrito.

3

Paula: "números maiúsculos"

> Paula: Letras maiúsculas e números maiúsculos.
> Bárbara: O que são números maiúsculos?
> Paula: Trinta e três. Então, trinta é um número maiúsculo de três. E essa é a outra maneira de escrever três (apontando para o 3 no lugar da dezena).

No ensino da matemática, o conhecimento convencional e as ideias idiossincráticas, inventadas pelas crianças, são, muitas vezes, considerados aspectos não relacionados e não conectados de conhecimento; o primeiro é aprendido por transmissão, enquanto o segundo é criado por sujeitos. Essa posição cria uma dicotomia entre convenções e invenções, dicotomia que afeta as percepções que nós, como educadores, desenvolvemos em relação a convenções, como as notações matemáticas.

Grande parte da literatura sobre educação matemática não considera o processo envolvido na aprendizagem de notações matemáticas como um processo *construtivo*. A aprendizagem de notações é considerada automática, um resultado de compreensão desenvolvida a respeito de conceitos matemáticos. A aprendizagem de notações é vista como uma *consequência* da aprendizagem de conceitos. Neste capítulo, Paula salienta, por meio de seus "números maiúsculos", os aspectos construtivos da aprendizagem das notações matemáticas; seu caso também ilustra a cooperação, a colaboração e a interação que ocorrem entre o conhecimento convencional, tal como as notações, e as invenções, tal como as notações matemáticas inventadas pelas crianças, indicando que ambos os aspectos de conhecimento são necessariamente complementares. Meu argumento neste capítulo será duplo: em primeiro lugar, as notações inventadas pelas crianças são de extrema importância na aprendizagem e no desenvolvimento das notações; em segundo lugar, as notações convencionais desempenham um papel importante nas notações inventadas pelas crianças e constituem um apoio para o seu desenvolvimento. Ao mesmo tempo, elas são subordinadas às invenções e aos aspectos assimilatórios do pensamento. Essa posição toma emprestada a perspectiva de Piaget em relação aos aspectos figurativos e operativos do pensamento, que ele considerava complementares (1972; Gruber e Vonèche, 1977; Piaget e Inhelder, 1966/1971, 1968/1973), assim como o trabalho de Ferreiro (1986a) e sua perspectiva em relação à assimila-

44 Bárbara M. Brizuela

ção de informações convencionais na área da linguagem escrita. Piaget (1972) define os aspectos figurativos do pensamento como "uma imitação de estados tomados como momentâneos e estáticos", enquanto o aspecto operativo "lida não com estados, mas com transformações de um estado para outro" (p. 14).

Na análise dos protocolos de entrevistas clínicas prolongadas (Duckworth, 1996) que realizamos com Paula, destacarei a sua compreensão do sistema numérico convencional escrito e os papéis que as convenções e as ideias inventadas por ela desempenharam nessa compreensão.

COMPREENDENDO AS CONVENÇÕES

Paula, que pediu que seu verdadeiro nome fosse utilizado, era uma criança de 5 anos que frequentava a pré-escola no ensino público. Era a única filha de uma família de classe média. Sendo uma criança brilhante, tinha facilidade para se relacionar com adultos e crianças. Era extremamente esperta e tendia a adotar papéis de liderança em diferentes ambientes – na vizinhança, na pré-escola e em seu programa pós-escola.

Uma série de quatro entrevistas foi realizada com Paula. Durante três meses, efetivaram-se entrevistas a cada três semanas, e cada uma com duração de 30 a 45 minutos. Todas as entrevistas foram filmadas e, mais tarde, transcritas literalmente. Em cada entrevista, apresentamos à Paula diferentes tipos de materiais (moedas, lápis e papel, dados, pequenos cartões de papel com números impressos) e perguntas relacionadas ao sistema numérico e seus aspectos notacionais. Embora as perguntas formuladas à Paula não estivessem totalmente determinadas antes da entrevista, eu tinha em mente uma série de áreas a explorar.

Durante a nossa primeira entrevista, Paula escreveu os números de 1 a 12 e contou de 1 a 28. A princípio, quando lhe pedi para escrever números acima de 12, ela disse que não sabia fazer isso e parecia não haver nenhum padrão na sua maneira de nomear números acima de 12. Ela dava a um número um certo nome (geralmente não convencional) e, então, nomeava-o de forma diferente alguns minutos mais tarde.

Nessa primeira entrevista, Paula deu vários exemplos de seu conhecimento de certas convenções matemáticas e de como informações sociais tinham, possivelmente, contribuído para a sua construção e para a sua compreensão dessas convenções. Por exemplo, ela me disse que sabia escrever os números de 1 a 12 e que sabia isso porque o relógio de sua casa tinha esses números.

Durante a nossa segunda entrevista, mostrei à Paula nove cartões com um número de 1 a 9 impresso em cada um; em seguida, fazia-lhe perguntas.

> Bárbara: De todos esses números, Paula, qual é o maior?
> Paula: O nove.
> Bárbara: Por quê?

Paula: *Porque* é um, dois, três, quatro, cinco, seis, sete, oito, *nove*. Então este aqui (apontando para o 9) é maior. (Ênfase acrescentada)

Mais tarde, dei à Paula mais cartões, com os números 10, 11 e 12. Paula pegou os cartões e, espontaneamente, colocou-os em fileira, em uma ordem ascendente de 1 a 12. Perguntei o que ela estava fazendo.

Paula: Eu fiz os números *como no mundo de verdade*.
Bárbara: Como onde?
Paula: *Como numa contagem de verdade*. (Ênfase acrescentada)

Nesses trechos, podemos perceber que Paula desenvolveu a ideia de que existe uma ordem nos números, uma ordem que precisa ser seguida e já está determinada "no mundo de verdade". Paula teve acesso ao conhecimento convencional e desenvolveu ideias pessoais sobre as informações com as quais interagiu. Durante essa mesma entrevista, escrevi os números 48 e 100 (Figura 3.1) e fiz uma pergunta à Paula:

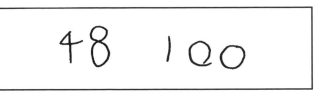

Figura 3.1
"Quarenta e oito, e cem – como você lê esses números?"

Bárbara: Você tem ideia de quais números (apontando para o 100 e para o 48) eles podem ser?
Paula: Não.
Bárbara: Tente imaginar: que número é este (apontando para o 100)?
Paula: Cem.
Bárbara: Este *é* cem. Como você sabe?
Paula: *Porque eu tenho um livro que tem isso e diz "cem"*. (Ênfase acrescentada)

Neste exemplo, Paula mostrou que outras fontes de informação do "mundo de verdade" – como livros – ela usou para desenvolver uma compreensão do sistema numérico. Durante a entrevista seguinte, pedi-lhe que escrevesse trinta e quatro.

Bárbara: Tente pensar nele antes de escrevê-lo. Como seria?
Paula: Eu sei.

Bárbara: Você sabe? Você já pensou nele na sua cabeça (usando a própria expressão de Paula [veja Piaget, 1976])?

Paula: Sim (pegando o lápis e começando a escrever). Sim. Sabe de uma coisa (ela para de escrever): eu sei, eu nem mesmo pensei na minha cabeça, mas sempre que eu vejo TV lá em casa, tri..., eu coloco no canal infantil, coloco no "três" "quatro". E, então, sempre que eles dizem para eu fazer trinta e quatro eu faço assim... (e ela escreve 34 [Figura 3.2]).

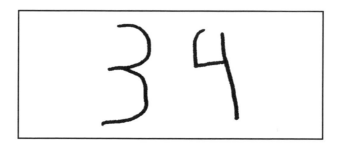

Figura 3.2
O 34 de Paula – a idade de sua mãe e o canal infantil.

Paula tirou informações de diferentes fontes com as quais tem contato todos os dias: um relógio de parede, livros, TV. Ao interagir com as informações fornecidas por essas fontes, ela "ensinou a si mesma" (conforme disse) como escrever os números de 1 a 12 e construiu a ideia de que existe uma certa ordem nos números, uma maneira de "os números seguirem no mundo de verdade". Além disso, ela desenvolveu a ideia de que, nessa ordem, os últimos números são "maiores": quando lhe perguntei qual era o maior em uma série de números de 1 a 9, ela deu o nome de cada número até chegar ao 9 e afirmou que o 9 tinha de ser o maior, pois estava no final da série. E o fato de ela nomear o 34 como trinta e quatro também mostra que estava ciente das convenções: primeiro ela disse que era 3 e 4, mas não ficou satisfeita com isso e nomeou-o, convencionalmente, como "trinta e quatro".

Esses exemplos ilustram como Paula coordenava as informações que assimilava do ambiente com o seu conhecimento prévio no processo de resolver certos dilemas – como escrever 34, qual é o número 100. Diante desses dilemas, Paula usou informações do ambiente (os cartões que lhe foram mostrados, por exemplo), coordenou-as com conhecimentos prévios, tal como o número do canal infantil, e construiu algo novo: como escrever 34. Os números no relógio e os números 100 e 34 não estavam apenas sendo transmitidos de um modo social ou "copiados". Cada "porção de informação" foi integrada com o restante e foi transformada. Ao mesmo tempo, as porções de informação

Desenvolvimento matemático na criança **47**

foram integradas à sua estrutura mental existente, juntamente com seus conhecimentos prévios: Paula usou as informações no momento apropriado e não as copiou, mas assimilou-as e as reconstruiu. Além disso, foi capaz de usar as informações que assimilara em um determinado contexto, diante de uma necessidade específica, o que ilustra que as informações foram verdadeiramente assimiladas por ela.

NÚMEROS MAIÚSCULOS: PAULA INVENTA UMA FERRAMENTA

Nos eventos que se seguiram, Paula foi solicitada a lidar principalmente com números de dois algarismos (além do 10, 11 e 12 que ela era capaz de escrever convencionalmente). As invenções de Paula foram importantes para enfrentar esse novo dilema. Durante a nossa segunda entrevista, Paula escreveu 310 (Figura 3.3a) e disse-me que era "vinte e um". Depois, durante o nosso terceiro encontro, pedi que Paula escrevesse "duzentos", e ela escreveu 08 (veja a Figura 3.3b). Então, ela escreveu 38 (veja a Figura 3.3c) e disse "eu não sei" quando lhe perguntei que número era aquele. Alguns minutos depois, quando escrevi 48 (Figura 3.4a) e perguntei-lhe que número era aquele, tivemos o seguinte diálogo:

> Paula: Trinta e um, trin... (pausa)
> Bárbara: Que número poderia ser?
> Paula: Quarenta e oito.
> Bárbara: Você está certa, Paula, este número é quarenta e oito. Como você sabia?
> Paula: Porque, eu... eu fiz assim (colocando as mãos nos lados da cabeça): eu pensei na minha cabeça e fiz assim... (pausa) e se, e se você escrevesse um outro número aqui, faça um outro número aqui (apontando para o papel).
> Bárbara: OK (escrevi 46 [Figura 3.4b]).
> Paula: Eu pensei assim (põe as mãos nos lados da cabeça e olha para o número). Quarenta e seis (falando devagar).
> Bárbara: Mas por que você acha que é isso?
> Paula: Porque eu sei na minha cabeça.
> Bárbara: Você pode me ensinar a fazer isso, para que eu também possa fazer o mesmo?
> Paula: Sim, só que...
> Bárbara: Como você sabe que som ele tem, isto é, o que dizer?
> Paula: Porque eu sei que é, primeiro eu digo quatro e depois eu digo seis, e então eu digo: Ah! Quarenta e seis!!

Durante o curso da nossa entrevista, Paula começou a desenvolver um sistema para interpretar números de dois algarismos. Ela conseguia ler os nú-

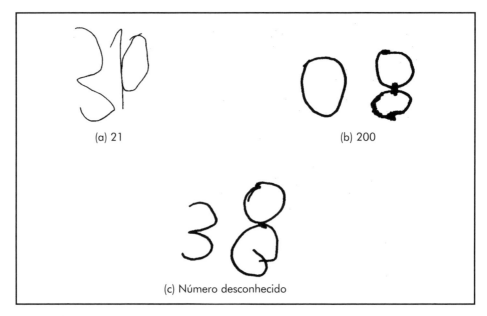

Figura 3.3
Paula escrevendo números de dois e três algarismos.

Figura 3.4
Paula identificando números de dois algarismos.

meros convencionalmente, mas ainda não era capaz de explicar como conseguia fazer isso. Mais uma vez, observamos o seu processo de nomear: neste trecho, vemos que ela não ficou satisfeita em chamar o 46 de "quatro, seis", assim como não ficara satisfeita em chamar 34 de "três, quatro" – ainda tão pequena, ela já estava ciente dos nomes convencionais *aceitos* para os números. Ela também tentou primeiro dizer "trinta e um, trin..." para o 48. Ela sabia que ele não podia ser chamado de "quatro, oito". É possível que Paula estivesse pensando que o nome do número precisava ser algo como "trinta, quarenta", algo com "enta", possivelmente associando esses nomes aos números de dois algarismos.

Depois disso, Paula escreveu 34. Como vocês podem lembrar, 34 era um número que Paula sabia nomear e escrever, sobretudo por ser a idade da mãe e o canal infantil a que ela assistia na televisão. Depois eu lhe fiz uma pergunta.

Bárbara: Como você lê este? Como se diz este número?

Paula: Se diz... primeiro a gente pensa em um três e depois faz como se fosse uma letra maiúscula, mas, em vez de uma maiúscula, um número maiúsculo, então é trinta e quatro (pronunciando devagar).

Bárbara: Então, este (aponto para 31 que escrevera previamente [Figura 3.5]), que número seria este?

Paula: Trinta e três... Trinta e um!

Bárbara: Trinta e um. Sim. (Pausa) Está certo? Este é trinta e um? (Estava querendo confundi-la e querendo ter certeza de que *ela* tinha certeza de que o número era trinta e um.)

Paula: Ei, agora eu sei, porque você escreveu duas vezes o três em cada um (apontando para 34 e 31), e este é o três (apontando para o 3 no lugar da dezena no 31), eu lembro agora como fazer o três, e agora eu sei fazer trinta e três!

Bárbara: Você sabe escrever trinta e três (querendo confundi-la)? Qual é este mesmo (apontando para o 31)? Eu me confundi.

Paula: Trinta e três... qual é o maiúsculo do três neste número (apontando para o 31)?

Bárbara: Você disse... quanto era este (apontando para o 31)?

Paula: Qual era o maiúsculo do um?

Bárbara: Por que você os chama de maiúsculos?

Paula: Trinta!! ...Um.

Bárbara: Por que você os chama de maiúsculos?

Paula: *Letras* maiúsculas e *números* maiúsculos.

Bárbara: O que são números maiúsculos?

Paula: Se eu escrevo um número pequeno, pequeno (Figura 3.6), ele pode ser um número maiúsculo, pode ser um número pequeno... não é exatamente isso... Na verdade, é como... maiúsculo é outra maneira... esta é uma maneira de escrever um E, certo? (Veja a Figura 3.7, à esquerda.)

Bárbara: Sim.

Paula: E então esta é outra maneira de escrever um *e* (veja a Figura 3.7, à direita). Isso é maiúscula.

Bárbara: Qual é a maiúscula (estava confusa porque Paula inverteu o que deveria ser uma letra maiúscula e o que deveria ser uma minúscula)?

Paula: Esta aqui (apontando para a letra minúscula).

Bárbara: Então, qual destes é maiúsculo (apontando para o 31 [veja a Figura 3.6]) dos números?

Paula: Eu acho que esta (aponta novamente para o *e* minúsculo)... Dos números?
Bárbara: Sim.
Paula: Trinta e três. Então *trinta* é um número *maiúsculo* de três. E esta é a outra maneira de escrever o três (apontando para o 3 no lugar da dezena no 31 [veja a Figura 3.6]).

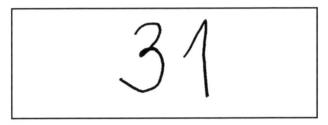

Figura 3.5
Paula identificando o 31.

Figura 3.6
"Um número pequeno, pequeno".

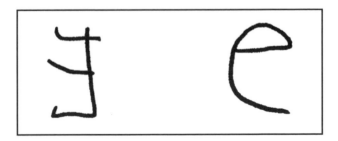

Figura 3.7
Duas maneiras de escrever um e.

Os números maiúsculos de Paula passaram a funcionar como uma ferramenta para ela. Nesse caso, a ferramenta que ela construiu ajudou-a a avançar além de suas compreensões e seus desempenhos anteriores, salientando assim a noção vygotskiana do profundo impacto das ferramentas sobre processos e produtos cognitivos (Vygotsky, 1978, 1986). Recentemente, Meira (2002) examinou as maneiras pelas quais ferramentas tipo notações ajudam a desenvolver os processos cognitivos das crianças. É isso o que parece ter acontecido no caso dos números maiúsculos de Paula.

INVENÇÕES

Aprender e construir conhecimentos são processos que envolvem invenções – produções novas que criamos, utilizando nossas estruturas cognitivas atuais, enquanto tentamos compreender uma situação ou um fenômeno. Certas características das situações são assimiladas e como resultado da interação entre o que existia previamente e o que foi assimilado – por meio da assimilação recíproca (Piaget, 1936/1952) dos esquemas existentes e dos esquemas novos – o aprendiz *inventa*. Mas o conhecimento resultante dessas interações é "mais rico do que os objetos poderiam prover por si mesmos" (Piaget, 1970, p. 713). Ferreiro, neste sentido, ressalta a "interface entre assimilação e informação".

> As práticas sociais, assim como as informações sociais, não são recebidas de forma passiva pelas crianças. Quando tentam compreender, elas necessariamente transformam o conteúdo recebido. Além disso, a fim de registrar as informações, as crianças as transformam. Esse é o significado profundo da noção de *assimilação*, central na teoria de Piaget. (Ferreiro, 1986a, p. 16; ênfase no original)

Isto é, as crianças precisam inventar a fim de compreender e assimilar informações. É claro que as informações fornecidas pelo ambiente são importantes e desempenham um papel crucial, mas não são o objetivo final do processo de aprendizagem.

A ideia dos números maiúsculos foi inventada com base nas informações e nos conhecimentos que Paula tinha sobre números, e no conhecimento que tinha a respeito das letras maiúsculas: Paula sabia que as letras maiúsculas eram uma diferenciação gráfica das letras minúsculas; portanto, em certo sentido, uma letra maiúscula era o mesmo que uma letra minúscula, mas era também diferente. De igual modo, já que ela era capaz de escrever seu nome convencionalmente, podemos supor que ela sabia que certos tipos de letras (que para nós são letras maiúsculas) precedem e são colocadas à esquerda da escrita de certas palavras (como o nome dela). O desequilíbrio de não ser capaz de fazer uma leitura convencional de números de dois algarismos acima de 12 incitou Paula a ir "em busca de novas soluções" (Inhelder, Sinclair e Bovet, 1974, p. 264), a saber, a ideia dos números maiúsculos.

52 Bárbara M. Brizuela

As invenções devem ser analisadas no contexto da situação que está sendo assimilada e do dilema que está sendo enfrentado, a fim de serem compreendidas por aqueles que não são os seus criadores. Ao mesmo tempo, as invenções infantis devem ser estimuladas e respeitadas (Bamberger, 1991;Confrey, 1991; Ferreiro, 1986b; Sinclair, 1982).

Piaget (1970) considerava as invenções como sendo centrais na construção do conhecimento e como caracterizando "todo o pensamento vivo" (p. 714). Ele afirmou, por exemplo:

> *O problema que precisamos resolver, a fim de explicar o desenvolvimento cognitivo, é o da invenção, e não o da mera cópia.* Nem a generalização estímulo-resposta nem a introdução de respostas transformacionais podem explicar a novidade ou a invenção. Em contraste, os conceitos de assimilação e acomodação e das estruturas operacionais (que são *criadas*, não meramente descobertas, como resultado das atividades do sujeito) são orientados para *essa construção inventiva que caracteriza todo o pensamento vivo*. (p. 713-714; ênfase acrescentada)
>
> O otimismo genuíno consistiria em acreditar nas capacidades de invenção da criança. Lembre também que sempre que ensinamos prematuramente a uma criança alguma coisa que ela teria descoberto por si mesma, essa criança é impedida de inventá-lo e, por conseguinte, de compreendê-lo de modo completo. (p. 715)

A história da matemática dá-nos exemplos do papel que a inovação e a criação desempenharam no desenvolvimento dessa disciplina. Por exemplo, embora os babilônios de aproximadamente 2.100 a.C. usassem um espaço em branco para indicar zero e um símbolo especial durante o período selêucido (300 a.C.), foi só por volta de 900 d.C. que os hindus criaram um sinal para o zero comparável ao símbolo que utilizamos para zero na atualidade. Enquanto o símbolo babilônio só ocorria entre algarismos, o zero hindu também aparecia no final dos números (Struik, 1987). Por meio desse exemplo, quero ilustrar que a matemática, conforme existe hoje em dia, deve muito aos indivíduos criativos e inventivos que viveram no decorrer dos tempos. Além disso, as invenções dos indivíduos fazem parte de um todo coerente no contexto de suas estruturas mentais, e essas invenções podem ser compreendidas como tentativas de as pessoas compreenderem as situações.

Nós estamos constantemente em contato com diferentes tipos de convenções: convenções na leitura, escrita, matemática, música, ciência. Em algum ponto da história, uma convenção foi a invenção de alguém – "uma realização sem paralelo... uma forma de organização dentro de um domínio que jamais fora realizada da mesma maneira" (Feldman, 1994, p. 11). Essa invenção transformou-se em uma convenção depois que seu uso se difundiu devido à sua utilidade, porque ela, de alguma forma, facilitava as tarefas. As convenções matemáticas, por exemplo, facilitam manter o controle das coisas, executar cálculos e lidar com números grandes (Kilpatrick, 1985). Para o aprendiz que precisa usar certas convenções, sem ter uma chance de compreendê-las, as

Desenvolvimento matemático na criança **53**

convenções parecem totalmente arbitrárias. No decorrer da história, todavia, *existe* uma razão para terem sido adotadas. Refletir sobre a continuidade entre notações inventadas e convencionais talvez nos leve a dar às crianças oportunidades para que compreendam as convenções, apropriem-se delas e as tornem suas.

CONVENÇÕES

O sistema de numeração e números escritos com que Paula interagiu influenciou as ideias que teve e as invenções que criou. Eu não estou defendendo um tipo de explicação como a transmissão. No entanto, o sistema com o qual Paula interage tem certas regras, e Paula gradualmente se apropriará dessas regras, construindo compreensões pessoais e transformando em suas essas regras. Por exemplo, a *posição* é um aspecto do sistema numérico escrito. O sistema é constituído por um número finito de elementos, e esses elementos, às vezes, são encontrados ocupando diferentes posições. Portanto, as ideias de Paula sobre os números e seus maiúsculos, e a atenção que ela prestava à posição relativa e sua importância no sistema numérico escrito fazem muito sentido. Da mesma forma, no Capítulo 2, vimos como George começou a prestar atenção à posição relativa dos elementos dos números. Um segundo aspecto do sistema numérico escrito ao qual Paula prestou atenção e que originou ideias nela foi o número finito de elementos no sistema: 10 elementos. Ao inventar a ideia dos números maiúsculos, Paula talvez tenha entendido implicitamente essa regra referente ao sistema numérico escrito. Dado que os elementos do sistema não podem ser mudados, nos números maiúsculos, diferentes combinações dos elementos são nomeadas de forma diferente. Alvarado (2002) fez uma observação semelhante quando viu crianças que giravam algarismos intencionalmente no lugar da dezena, em números de dois algarismos, mesmo que não usassem a mesma rotação quando escreviam o mesmo algarismo no lugar da unidade ou como um algarismos único isolado. As crianças explicaram que a rotação servia para diferenciar entre 3 e 30 ou 4 e 40, por exemplo. Essas crianças também estavam interagindo com essas mesmas regras do sistema numérico escrito e criando suas próprias invenções para compreender as regras convencionais. Elas, de fato, estavam criando suas próprias regras paralelas.

REFLEXÕES

Durante as nossas conversas, Paula começou a tentar ler e escrever números acima de 12. Ela tinha um relógio de parede para ajudá-la com números de 1 a 12, mas não tinha nenhuma ferramenta "pronta" para ajudá-la além disso. Então, ela construiu uma ferramenta (Vygotsky, 1978, 1986), seus números

54 Bárbara M. Brizuela

maiúsculos, que lhe permitiu ler números de uma maneira convencional (ela leu 48 e 46 convencionalmente). Essa ferramenta foi útil para ela porque a ajudou a ler e escrever números de dois algarismos, a compreender notações numéricas convencionais e a encontrar um padrão na maneira pela qual esses números são escritos. Como ela construiu essa ferramenta?

Em certo sentido, Paula foi solicitada a ir além da esfera em que se sentia confortável. Ela não ficou satisfeita em chamar 31 de "três um"; sabia que esse nome não estava correto. Enquanto tentava oferecer uma interpretação convencional ou, pelo menos, satisfatória (para ela), Paula desenvolveu a ideia dos números maiúsculos. Seus números maiúsculos reuniam muitas ideias. Inicialmente, Paula mostrou, por meio de seus números maiúsculos, que ela distinguia entre as posições ocupadas por diferentes números: não era a mesma coisa um número estar bem à direita ou no lugar das unidades (mesmo que ela não usasse essas palavras) e estar à esquerda ou no lugar das dezenas (ela só fez essa distinção entre unidades e dezenas, e não seguiu adiante no sistema decimal, ou seja, centenas, milhares, e assim por diante). A posição ocupada pelos números torna-os diferentes de alguma maneira. Nós podemos supor que seu pensamento seguia a seguinte linha: se os números estão em posições diferentes, ou são diferentes de alguma maneira, então eles também devem ter nomes diferentes.

Além disso, em seus números maiúsculos, Paula exemplifica os tipos de relação que as crianças estabelecem entre números e letras. Nos números maiúsculos, Paula coordenou conhecimentos de esferas aparentemente distintas: linguagem e matemática. Historiadores como Neugebauer (1945) e Struik (1987) também fizeram conexões entre essas esferas. Eles compararam o alfabeto e o sistema do valor posicional porque ambas as invenções substituíram um simbolismo complexo por um método facilmente compreendido por um grande número de pessoas. A notação posicional é "uma das invenções mais férteis da humanidade", comparável "à invenção do alfabeto" (Neugebauer, 1962, p. 5). Da mesma forma, Alvarado e Ferreiro (2000) salientaram que "nós precisamos compreender as intricadas relações que, no curso da evolução, os números e as letras mantêm entre si: dois sistemas *diferentes*, mas também *relacionados*" (p. 17; ênfase acrescentada).

Aos 5 anos de idade, Paula já distinguia números e letras. Ela demonstrou isso quando lhe pedi que escrevesse números, e ela escreveu números. Quando nós falamos sobre letras (letras maiúsculas e minúsculas), ela escreveu apenas letras. Apesar dessa diferenciação estabelecida por ela, quando teve a ideia dos números maiúsculos, Paula "estava tomando-a emprestada" da área da linguagem escrita. Esse "tomar emprestado" corporifica, de certa maneira, a nossa visão adulta das coisas. Para ela, talvez tenha sido apenas uma maneira de ter acesso ao seu atual repertório de conhecimentos. No trecho dessa entrevista, Paula tornou explícita uma hipótese que desenvolvera a respeito do sistema numérico escrito e como ele funcionava: cada número tinha um "maiúsculo" que correspondia a ele. A posição em que os números eram escritos determina-

Desenvolvimento matemático na criança **55**

va se eram ou não "maiúsculos" e, assim, que número era e como seria lido. Essa hipótese permitiu à Paula começar a ler e escrever sistematicamente números de dois algarismos.

Subjacente às declarações de Paula estava a hipótese de que unidades eram diferentes de dezenas, ou, pelo menos, que a posição que um algarismo ocupava mudava aquele número (3 ou 30, por exemplo). Ao desenvolver essa hipótese, Paula tomou emprestada da linguagem escrita a terminologia das *letras maiúsculas*. De forma similar ao caso dos números e seus maiúsculos, cada letra tem uma maiúscula que corresponde a ela; letras maiúsculas e minúsculas são as mesmas, mas também são diferentes; também é verdade que a sua posição em uma palavra, às vezes, determina se são letras maiúsculas (mesmo que o nome fornecido por Paula para as letras maiúsculas e minúsculas estivesse invertido).

Somado a isso, havia uma diferença entre letras maiúsculas e números maiúsculos que Paula talvez não percebesse: as letras maiúsculas têm o mesmo significado que sua letra minúscula correspondente (por exemplo, *E* e *e*; *A* e *a*), mas têm uma forma escrita diferente. Os números maiúsculos, por outro lado, têm a mesma forma escrita que seu número unitário correspondente (por exemplo, 1 no 10 e no 1, 2 no 20 e no 2), mas têm um significado diferente. Ao tentar resolver o dilema que enfrentava, Paula tomou emprestadas ideias de onde quer que pôde sem se limitar exclusivamente à área dos números. Da linguagem, ela tomou emprestada a existência de letras maiúsculas e algumas de suas características (que elas ocupam posições diferentes nas palavras, que elas são importante na leitura e que são "outra maneira" de escrever letras). Depois, ela coordenou esse conhecimento com o conhecimento da matemática: que os mesmos algarismo têm nomes diferentes de acordo com a posição que ocupam, que existe uma certa ordem nos números, que "no mundo de verdade" existe uma "dada" maneira de ler números. Ela transformou o conhecimento, conforme ele existia antes, e coordenou-o com o dilema que enfrentava (como vou ler essas notações?), a fim de solucioná-lo.

Como resultado das atividades de comparar, transformar e coordenar, e da interação entre sua invenção e as convenções, Paula criou sua própria hipótese em relação aos números maiúsculos. Em sua hipótese, havia um padrão nas notações numéricas: cada algarismo tinha um número maiúsculo que lhe correspondia, e a relação entre os nomes dos algarismos e seus maiúsculos estava transparente. Mais uma vez, conforme Alvarado (2002) demonstrou em sua pesquisa, estabelecer conexões entre a linguagem e a matemática é relevante em termos metodológicos e cognitivos, assim como também foi historicamente.

Esse mesmo padrão e tal construção, provavelmente, levarão Paula a novas aprendizagens e construções de conhecimento. Por exemplo, ela afirmou que "não sabia" quais eram os maiúsculos de 1, 2 e 5. Nesses números, a relação entre os nomes dos algarismos e seus maiúsculos não está tão transparente (ou está opaca, conforme Alvarado [2002] diria) para Paula: a relação de 1 com 13 e 14, por exemplo, não é tão transparente como a de 4 com 40 ou de 6

56 Bárbara M. Brizuela

com 60 – assim como a relação entre 2 e 20 e 5 e 50. Isso acontece no português. No japonês e no chinês, as palavras para os números são mais regulares e sistemáticas (por exemplo, em português dizemos "doze, treze", ao passo que o japonês diz "dez-dois, dez-três". Veja Kilpatrick, 1985). No caso do 3, Paula outra vez utilizou conhecimentos prévios (tanto a idade da mãe como o canal infantil eram 34) para construir o maiúsculo desse número (30, em que a relação com 3 novamente não está transparente). Quando ela descobrir que sua ferramenta inventada, conforme existe, não a ajudará a descobrir os números maiúsculos para todos os algarismos, isso provavelmente irá levá-la a um conflito cognitivo e a um maior desenvolvimento da sua hipótese sobre números maiúsculos e do seu entendimento do sistema numérico escrito e como ele funciona.

Em resumo, embora as convenções sejam importantes na aprendizagem, os aprendizes as coordenam e assimilam (Piaget, 1970) a uma estrutura mental existente. Elas são integradas aos esquemas existentes e transformadas (além disso, a estrutura mental que assimila também é transformada) ou *reconstruídas*. Invenções, processos assimilatórios e estruturas mentais existentes são pivôs na integração dessas convenções em um todo coerente. No campo da música, Bamberger (1991; Bamberger e Ziporyn, 1992) adota uma perspectiva semelhante e argumenta que as "regras" ou convenções não devem ser vistas como entidades estáticas que têm "vida e significado próprios", porque cada pessoa as interpreta e utiliza de modo diferente. O importante é que os aprendizes desenvolvam essas múltiplas interpretações e representações, e apropriem-se dessas regras:

> Cada indivíduo apresenta... a sua própria *versão* das regras, e essa versão sempre vai diferir de pessoa para pessoa... As regras em si só são interessantes no sentido de que permitem tantas maneiras diferentes de interpretá-las erradamente. E, como ninguém as interpreta certo, as regras em si são abstraídas da existência. (Bamberger & Ziporyn, 1992, p. 38; veja também Piaget, 1966/1971, p. 380).

Tanto as convenções *como* as criações do indivíduo desempenham um papel na recriação do conhecimento socialmente aceito e na compreensão das convenções matemáticas. O conhecimento do sistema convencional, tal como o dos aspectos notacionais da matemática, é construído por meio da interação entre o que o indivíduo traz para a situação (as invenções) e o que a ordem social apresenta ao aprendiz (as convenções). Todavia, a ênfase deve estar na *importância das invenções infantis* nos processos de aprendizagem e na construção do conhecimento, pois é por meio de suas construções e estruturas assimilatórias que os indivíduos serão capazes de compreender o que é apresentado e que é também desconhecido – as convenções. Por meio de suas invenções, Paula mostra-nos que tanto as invenções como as convenções são fundamentais na construção do conhecimento matemático, e que, embora as convenções dependam das invenções, elas também apoiam o seu desenvolvi-

Desenvolvimento matemático na criança **57**

mento. Por meio da interação entre convenções e invenções, as invenções tornam-se mais ricas, e as convenções passam a ter significado pessoal para o aprendiz. Portanto, as convenções podem transformar-se em ferramentas para se compreender a matemática, em vez de serem simplesmente simbolizações arbitrárias. As convenções, então, são reconstruídas pelas crianças por meio da interação e da coordenação entre o que elas inventam e o que a sociedade lhes oferece. Inventar e criar são de suprema importância para a construção de conhecimento. Por que, então, deveríamos rejeitar as invenções infantis? Por que não criar as situações mais apropriadas em que elas possam ser desenvolvidas?

4

Thomas: vírgulas e pontos nos números

> Thomas: Se não existe nenhum ponto... mas eles não fazem nada! ...
> Os pontos só nos dizem para parar... É como uma luz
> vermelha. Ele nos diz para parar e ler aquilo.

Lendo essa citação, não sabemos com certeza se estamos nos referindo à linguagem ou a números escritos. De qualquer forma, é mais provável que não pensaremos em números. Muitas vezes, os pontos e as vírgulas usados nos números não são considerados uma parte do sistema numérico escrito. Entretanto, esses símbolos são essenciais à maneira de representarmos os números e ao entendimento dos números escritos por parte das crianças, como veremos neste capítulo. Em nosso cotidiano, os números que vemos escritos têm vírgulas e pontos. Esses pontos e essas vírgulas se referem tanto às marcas de pontuação que dividem a parte inteira e as partes decimais dos números como aos pontos ou às vírgulas que marcam os diferentes valores posicionais nos números (como em 2,000 ou 1,000,000).[*] É interessante notar que, os *tipos* de sinais de pontuação – pontos, vírgulas, dois pontos, ponto-e--vírgula – usados são arbitrários, e o uso de vírgulas ou pontos nos números não é consistente em todas as partes do mundo. Por exemplo, nos Estados Unidos, os pontos são usados para separar as partes inteiras e decimais dos números, e as vírgulas são usadas para agrupar algarismos na parte inteira dos números. Em outras partes do mundo, no entanto, os pontos e as vírgulas são usados da maneira oposta, isto é, as vírgulas são usadas para separar as partes inteiras e decimais dos números, e os pontos são usados para agrupar algarismos na parte inteira dos números.

Neste capítulo, concentro-me em Thomas, o qual, no decorrer das oito sessões que tivemos, explorou alguns aspectos escritos dos números que estavam relacionados ao uso de sinais de pontuação. Quando comecei as minhas entrevistas com Thomas, não era minha intenção trabalhar esses aspectos notacionais específicos. Foi o próprio Thomas quem determinou esse foco por

---

[*] N. de T.: Este capítulo trata do sistema numérico escrito utilizado nos Estados Unidos.

causa das questões que lhe interessavam na época, relacionadas ao funcionamento dos números. Comecei as sessões interessada nas ideias de Thomas sobre os números escritos e como funciona o sistema numérico escrito. Não estava especialmente interessada em saber *quanto* os números escritos representavam para ele ou a *relação* entre os números e uma determinada quantidade de objetos. Em vez disso, estava interessada em compreender o pensamento de Thomas sobre como funciona o sistema numérico escrito.

Eu organizarei meu trabalho com Thomas em duas áreas: o uso de pontos e vírgulas para ajudar na leitura dos números, e o uso de pontos e vírgulas para organizar os números graficamente. Essas áreas surgiram das análises das entrevistas e das minhas perguntas sobre os tipos de dificuldade, questionamento e trabalho construtivo envolvidos na aprendizagem de Thomas dos pontos e das vírgulas.

Na época das sessões, Thomas acabara de completar 6 anos; estava concluindo a pré-escola e preparando-se para ingressar na 1ª série. Os pais de Thomas haviam me dito, antes que eu me encontrasse com ele, que, durante o ano anterior, ele começara a se interessar por números e pela matemática.

Todas as oito sessões foram gravadas, e foi feito um relatório sobre cada uma. Além disso, escrevi registros semanais em que refletia sobre as sessões que Thomas e eu tivéramos. As fitas gravadas, as produções escritas que Thomas e eu fizéramos durante os nossos encontros, os relatórios das sessões e os registros semanais constituem os materiais em que se baseia este relato.

Para o meu trabalho com Thomas, empreguei a abordagem de entrevistas clínicas prolongadas (Duckworth, 1996). Eu disse a Thomas que nós conversaríamos sobre o que ele sabia e pensava sobre números. Levei lápis, papel, lápis de cor, cartões em branco e cartões com números impressos para todas as nossas sessões. Durante as entrevistas, a minha intenção não era apenas explorar o pensamento de Thomas, mas também "criar conflitos" (Duckworth, 1996, p. 136) e acompanhar o desenvolvimento do seu pensamento. Por exemplo, durante as entrevistas, quando identifiquei contradições no seu pensamento, tentei salientá-las para explorar melhor suas ideias sobre os números escritos em geral e sobre pontos e vírgulas em particular. Os conteúdos das sessões seguintes são apenas trechos das entrevistas realizadas e focalizam exemplos em que foi discutido o uso de pontos e vírgulas nos números.

THOMAS COMEÇA A COMPREENDER OS PONTOS E AS VÍRGULAS NOS NÚMEROS

Embora Thomas, na época das entrevistas, já fosse capaz de interpretar e escrever muitos números de maneira convencional, ele ainda estava no processo de desenvolver hipóteses e ideias sistemáticas sobre o sistema numérico escrito. Isto é, a sua aprendizagem do sistema numérico escrito não era completa. Ler e escrever números de maneira convencional não é tudo o que precisamos aprender sobre números. Por exemplo, durante as entrevistas, Thomas criou suas próprias hipóteses sobre pontos e vírgulas. No caso de Thomas, esses pontos e vírgulas não se limitavam às frações decimais (como em 9.91), mas envolviam os sinais que usamos em números acima de 999 (como, por exemplo, a vírgula em 1,000). Neste capítulo, entretanto, não focarei esse primeiro aspecto. Porém, vale a pena mencionar que, desde a nossa primeira sessão, Thomas estabeleceu uma diferenciação entre esses dois aspectos. No primeiro caso, ele limitou seus exemplos ao uso do dinheiro e utilizou o ponto para separar "dólares e centavos". Nessa primeira sessão de trabalho, Thomas escreveu 9.91 (Figura 4.1) e leu isso como "nove dólares e noventa e um centavos". Quando perguntei a Thomas sobre o ponto no número que escrevera, ele disse que em 9.91 o ponto significava que a segunda parte do número era centavos e a primeira parte era dólares.

Quando começamos o nosso trabalho juntos, Thomas sentia-se muito à vontade escrevendo e lendo números de uma maneira convencional. Ele conseguia escrever números até 10,000 e ler números, convencionalmente, até o milhar (números de quatro dígitos). A nossa primeira sessão foi a primeira vez em que vi Thomas escrever um número que incluía um ponto. Quando pedi a Thomas que escrevesse "um número bem difícil", ele escreveu 1,000 como 1000 (Figura 4.2). Logo em seguida, Thomas escreveu 10.000 (Figura 4.3) como exemplo de outro "número difícil" e me disse que era "dez mil".

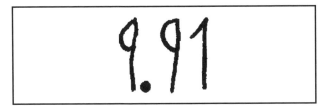

Figura 4.1
Thomas escrevendo $9.91.

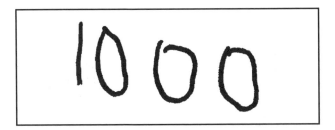

Figura 4.2
Thomas escrevendo 1,000.

O uso de pontos e vírgulas para ajudar na leitura dos números

Durante a nossa primeira sessão de trabalho, Thomas empregou *apenas* pontos. Além dos números antes mencionados, ele também escreveu 100.1000 (Figura 4.4). Ele leu esses números como "dez mil" (Figura 4.3), "nove dólares e noventa e um centavos" (Figura 4.1) e "cem mil" (Figura 4.4), respectivamente. Quando eu perguntei a Thomas sobre os pontos que escrevera nos números, ele disse que em 10.000 o ponto mostrava que 10,000 era 10,000, e não algum outro número. Ele também me explicou que, se 100.1000 não tivesse um ponto, seria lido como "mil e um", e não como "cem mil". Isto é, sem o ponto Thomas ignoraria os três últimos zeros em 100.1000 quando lesse o número. No caso de 9.91, ele achava que esse era um número diferente, em outras palavras, dinheiro.

A partir da nossa primeira sessão de trabalho, Thomas começou a desenvolver suas ideias a respeito dos pontos nos números. Nessa primeira sessão, o principal para ele era que os pontos mostravam uma maneira de se *ler* os números; Thomas usava os pontos para organizar sua *leitura* dos números. Todavia, nesse momento, ainda não estava claro por que ele decidira *escrever* números com pontos. Nós poderíamos conjecturar que, ao escrever números com pontos, ele estivesse ajustando-se à informação convencional relativa à escrita dos números com a qual interagira previamente. Essa informação, disponível para ele, não era, contudo, suficiente para lhe permitir compreender de imediato os usos convencionais dos sinais de pontuação nos números.

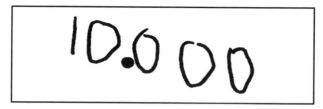

Figura 4.3
Thomas escrevendo 10,000.

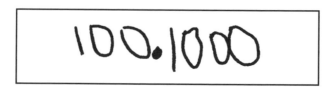

Figura 4.4
Thomas escrevendo 100,000.

Desenvolvimento matemático na criança **63**

Em sessões subsequentes de trabalho, Thomas continuou elaborando a ideia de que os pontos nos números mostram-nos como ler esse número e o que devemos levar em conta quando lemos um número. Por exemplo, quando, na nossa segunda sessão, escrevi 1.000.000 e 100.000.000.000, ele leu o primeiro número como "um" e o segundo como "cem zero, zero, zero, zero, zero, zero, zero, zero, zero". Ele também interpretou 1.000 como "um" e 1000 como "mil". Dessa maneira, o ponto ajuda o leitor – Thomas – a decidir como ler os algarismos colocados antes do sinal de pontuação: 10.000 é "*dez* mil", 1.000 é "*um*". O ponto também ajuda o leitor a decidir como ler os algarismos colocados depois do sinal de pontuação: os dígitos colocados depois dos pontos ou não são lidos (como em 1.000, lido como "um"), ou são lidos de uma maneira diferente (como em 9.91, em que os algarismos depois do ponto significam centavos, em vez de dólares).

Durante a nossa terceira entrevista, Thomas elaborou uma ideia interessante a respeito da utilização dos pontos em um número. Em um momento da entrevista, ele sugeriu não usar nenhum ponto para escrever o número 1,000,000,000 e então exclamou: "Se não houvesse nenhum ponto... mas eles não *fazem* nada"! Eu perguntei a Thomas para que serviam os pontos, e ele explicou: "O ponto só nos diz para parar... É como uma luz vermelha. Ele nos diz para parar e ler aquilo". Nessa explicação, Thomas tornava explícita a compreensão que o influenciara nas duas primeiras entrevistas. Quando falou "Ele nos diz para parar e ler aquilo", Thomas queria dizer que o ponto em 10,000 (isto é, 10.000 [veja a Figura 4.3]), por exemplo, nos dizia para ler a primeira parte, "dez", e depois parar. Depois de parar, podemos ler ou decidir o que fazer com o restante do número. Outro exemplo do uso de Thomas dos sinais de pontuação para ajudá-lo a ler números foi oferecido na quarta entrevista. Nessa sessão, Thomas escreveu o número "sete mil e quarenta" como 7040. Já que a essa altura do nosso trabalho Thomas começara a usar vírgulas para escrever números, eu lhe perguntei se ele poderia pôr uma vírgula no número que acabara de escrever. Thomas escreveu 70,40, enquanto eu, simultaneamente, escrevi 7,040. Quando percebi a diferença entre as nossas notações, eu a mostrei a Thomas e perguntei o que ele achava. Ele disse que 70,40 era "*setenta* mil e quarenta" – aparentemente usando sua regra de parar e ler depois do sinal de pontuação – e que "*sete* mil e quarenta" era 7,040. Depois, ele mudou a vírgula na sua notação e escreveu 7,040.

Na nossa segunda sessão, Thomas começou a explorar ideias sobre como um número mudaria se tivesse ou não um ponto ou uma vírgula. Por exemplo, quando apresentei a Thomas os dois números 1000 e 1.000, ele explicou que os dois números não eram o mesmo número. O primeiro era "mil" e o segundo era "um", porque "os zeros depois do ponto não contam"; ele estava rejeitando a possibilidade de "mil" ser escrito com um ponto. Em sessões subsequentes, Thomas também teve dificuldade para decidir se dois números que tinham os mesmos algarismos, um deles com um ponto ou uma vírgula e o segundo, não, podiam ser o mesmo número. Por exemplo, durante a nossa quarta entrevista,

64 Bárbara M. Brizuela

Thomas teve dificuldade para decidir se números com e sem ponto – como 1000 e 1.000 – ou números com ou sem vírgula – como 10000 e 10,000 – eram ou não os mesmos números. No final da nossa quarta sessão, Thomas aceitou que 1000 e 1,000 podiam ser o mesmo número ("mil"), mas não fez o mesmo julgamento em relação a 10000 e 10,000 – esses eram dois números diferentes. Ele interpretou o primeiro número como "um milhão" e o segundo como "dez mil". Possivelmente, a falta de sinais de pontuação em 10000 levou-o a ver apenas muitos zeros, como em "um milhão". Dado que, pelo final do nosso trabalho juntos, Thomas usava, muitas vezes, vírgulas e pontos quando escrevia números, era menos provável ele ter de tomar decisões sobre números sem sinais de pontuação. É possível que o uso gradualmente mais consistente de sinais de pontuação nos números ajudasse Thomas a lidar com esse problema.

No final da nossa quarta entrevista, Thomas começou a rejeitar o uso de pontos e passou a aceitar vírgulas em números como 1,410 (lido por ele como "mil quatrocentos e dez"), 7,040 ("sete mil e quarenta"), 10,000 ("dez mil") e 300,010 ("trezentos mil e dez"). Thomas explicou-me que os pontos e as vírgulas eram diferentes, embora não tivesse certeza de qual era essa diferença. Enquanto "os pontos nos dizem para parar", ele não sabia o que a vírgula fazia. Durante a quinta entrevista, Thomas continuou usando vírgulas ao escrever e interpretar números, como em 10,000 ("dez mil"), 54,005 ("cinquenta e quatro mil e cinco") e 700,001 ("setecentos mil e um"). Além disso, na sexta entrevista, Thomas começou a usar pontos e vírgulas intercambiavelmente, embora explicasse que eles ainda eram um pouco diferentes: o ponto nos diz onde parar e ler, enquanto a vírgula "talvez seja só uma pausa... mas eu não sei se ela é mesmo para fazer uma pausa". Apesar disso, quando escrevia números, Thomas começara a usar vírgulas quase exclusivamente (como quando escrevia 10,000, 100,000 e 1,000,000). Contudo, ao interpretar números, ele achava que os pontos e as vírgulas eram a mesma coisa (de modo que 1.000 e 1,000 eram "mil" e 10.000 e 10,000 eram "dez mil").

As interpretações e os significados de Thomas sobre o uso e o papel dos pontos e das vírgulas nos números poderiam ser semelhantes à compreensão que ele estava desenvolvendo na área da linguagem escrita. Que os pontos "nos dizem para parar" e as vírgulas "nos dizem para fazer uma pausa" soa vagamente familiar. Essa possível "semelhança", contudo, de modo nenhum implica que Thomas não era capaz de distinguir entre a linguagem escrita e as notações numéricas. Já que ele estava aprendendo ambos os sistemas de notação ao mesmo tempo, seus significados em cada área naturalmente se sobrepunham e se estendiam à outra área. Nós inclusive podemos nos perguntar por que pontos e vírgulas começaram a ser usados na história das notações numéricas. Nas próximas sessões, examinaremos melhor isso. Por enquanto, é interessante notar que, no início da história das notações musicais e na linguagem escrita, os sinais de pontuação tiveram usos semelhantes aos descritos por Thomas para as notações numéricas (veja Treitler, 1982).

O uso de pontos e vírgulas para organizar os números graficamente

Além de usar sinais de pontuação para ajudá-lo a ler os números, Thomas começou, pouco a pouco, a utilizar pontos e vírgulas para dar algum tipo de *organização gráfica* aos números. O uso dos sinais de pontuação para ler e organizar os números graficamente não é dissociado, como veremos. De fato, a consistente organização gráfica dos números pelo uso de pontos e vírgulas ajudava Thomas a lê-los.

Durante as nossas duas primeiras sessões, Thomas deixou explícitas algumas de suas compreensões a respeito da organização gráfica dos números. Mas só em uma sessão posterior ficou óbvio para mim que era isso o que ele estava fazendo. Por exemplo, ele começou a ler grupos de dois zeros como "cem". Dessa maneira, Thomas leu o número 10.00 como "dez centenas". Grupos de dois zeros eram "cem", talvez porque o número 100 contém dois zeros. Além disso, grupos de dois ou três zeros – os "lotes de zero", como ele veio a chamá-los – estavam divididos por pontos, e os pontos nos dizem como ler esses lotes. Um lote de dois zeros, por exemplo, era interpretado como "cem", enquanto um lote de três zeros era interpretado como "mil". Três zeros eram chamados de "mil" provavelmente devido ao fato de o número 1,000 ter três zeros.

Outros exemplos do uso feito por Thomas dos sinais de pontuação para organizar os números foram oferecidos durante a nossa quarta sessão de trabalho. Nela, Thomas foi muito consistente em seu uso dos pontos e, mais tarde, das vírgulas, empregando-os para dividir os números em grupos ("lotes") de três algarismos. Por exemplo, quando Thomas escreveu "sete mil e quarenta" como 7040 e decidiu colocar uma vírgula depois dos dois primeiros algarismos (isto é, 70,40), ele mudou de ideia e transformou o número em 7,040. Ele insistiu que a vírgula tinha de ser colocada naquela posição para que o número fosse "*sete* mil", e não "*setenta* mil". Este é um exemplo do uso simultâneo de sinais de pontuação para *ler* números e para *organizá-los* graficamente em "lotes" de dois ou três algarismos.

Durante a quarta entrevista, Thomas começou a falar sobre os lotes de zeros que os números têm. Ele se referiu aos lotes como grupos de três algarismos. Por exemplo, quando comparou a minha escrita de "um bilhão" (1,000,000,000) com a sua escrita de "cinco milhões" (5000,000,000), Thomas disse-me que o número que *eu* escrevera era "um *milhão*", porque "está faltando mais um lote de zeros". Esta é uma maneira gráfica de agrupar os algarismos e mostra, mais uma vez, como ele usava os sinais de pontuação para organizar os números. Thomas disse-me que "milhão" tinha três lotes de zeros, de modo que "bilhão" deveria ser escrito como 1,000,000,000,000.

Além disso, durante a nossa quinta entrevista, quando Thomas começou a escrever o número "dez mil", ele escreveu 10 000, deixando um espaço entre os primeiros dois algarismos e o resto. Cajori (1928) observa que, no ano de

66 Bárbara M. Brizuela

1540, a matemática Gemma Frisius deixava um espaço entre cada grupo de três dígitos. Thomas explicou-me que ele deixara um espaço depois do 10 "em vez de uma vírgula". Nessa troca, ele também estava tentando organizar, de alguma maneira, o número graficamente.

Depois, durante a nossa próxima entrevista, Thomas ordenou uma série de cartões, dos números menores até os números maiores. Ele tinha um cartão com o número 10.00. Quando chegou o momento de decidir onde colocá-lo na ordem serial, ele disse: "É dez centenas... este [apontando para 10.00] é mil, porque não existe o número dez centenas, então tem de ser mil". Thomas estava usando o ponto para lhe dizer como *ler* o número. Ele também estava pensando sobre grupos de dois zeros como representando "cem". Nesse caso, a abordagem de Thomas de usar pontos para ler números entrou em conflito com seu método recém-desenvolvido de organizar os números graficamente em lotes de três algarismos. Conforme escrito, o número deveria ser "dez centenas". No entanto, devido aos lotes de zero que ele tinha, na verdade devia ser "mil". Entretanto, "mil", de fato, é o *mesmo* que "dez centenas", em termos de quantidade, se reorganizarmos os lotes no número. A compreensão de Thomas baseada no uso dos pontos nos números e em lotes de algarismos precisarão ser coordenados com um outro aspecto do sistema numérico escrito, o valor posicional. Quando os atuais significados de Thomas forem conectados com o valor posicional, ele talvez não os ache conflitantes, mas dois exemplos de aspectos diferentes do sistema numérico escrito. Dessa maneira, ele talvez seja capaz de ver 10.00 como "dez centenas" e como "mil", a leitura convencional sendo "mil".

A leitura de Thomas de 10.00 como necessariamente "mil" também pode ser tomada como um exemplo de sua necessidade de se ajustar às convenções para ler e escrever números. Nós podemos imaginar que, em algum momento de seu desenvolvimento, Thomas poderá aceitar que "mil" seja reorganizado em 10 centenas, o que lhe possibilitará ler 10.00 como "dez centenas". Embora 10.00 deva ser "dez centenas", seguindo sua regra do uso dos pontos nos dizendo para parar e ler, ele nunca ouviu essa leitura antes; portanto, usou os lotes de zero para saber que esse número era "mil".

Na mesma entrevista, perguntando-me se Thomas poderia pensar outra vez em 10.00 como sendo "dólares e centavos", conforme ele interpretara 9.91 (veja a Figura 4.1) em nossa primeira entrevista, fiz-lhe uma pergunta.

> Bárbara: O que mais ele [10.00] pode ser?
> Thomas: Dez centenas, mas não existe esse número dez centenas, então é mil.
> Bárbara: Há outros números que têm dois números no final como este?
> Thomas: Não, eu acho que não.

Eu queria ter certeza de que ele considerava a possibilidade de 10.00 ser dinheiro, conforme pensara a respeito de 9.91.

Bárbara: Você acha que este número (apontando para 10.00) podia ser dez dólares e zero centavos?

Thomas: *Pode* ser, mas não é dinheiro, então *não pode* ser.

Assim, Thomas continuava a pensar em 10.00 como "mil". Nesse trecho, Thomas estava pensando em quantos zeros os números têm – quantos lotes de zeros – para decidir que número era aquele. Ele estava alternando o uso do ponto para ajudá-lo a ler o número e o uso do ponto para organizar o número em lotes e, por fim, tentando se limitar a usar lotes de três algarismos. Continuando a ordenar os números que escrevera em cartões, Thomas colocou 1.000 e 1000 juntos, como sendo o mesmo número. Ele também queria colocar o 10.00 junto desses números, e comecei a questionar como ele sabia que era "mil". Ao tentar responder a essa pergunta, Thomas disse: "Vamos apenas acrescentar um zero... para que a gente saiba que... não, eu acho que não é uma boa ideia... se nós pusermos mais um zero vai ser dez mil, não mil. Nós temos de cortar este [o zero entre o um e o ponto] para fazer o mil [e depois acrescentar um zero no final do número]." Então, Thomas acabou escrevendo 10.000, riscando o zero antes do ponto e acrescentando um zero no final. Ele disse que agora o número, com certeza, era "mil". Ele falou: "Se você colocar um zero apenas aqui [no final do número] ficaria *dez* mil, de modo que você tem de cortar o zero aqui [o zero antes do ponto] [para ter mil]". Esse foi um exemplo de quando Thomas estava tentando combinar o uso dos pontos e das vírgulas para *ler* números com sua nova ideia sobre lotes de zeros e seu uso de sinais de pontuação para *organizar os números graficamente*.

Enquanto na sessão prévia Thomas decidira que 1,000,000 devia ser interpretado como "mais três zeros do que mil", nesta sessão ele começou a chamar esse número de "um mil mil". Novamente, "um milhão" é "um mil mil", se pensarmos em termos de quantidade.

Depois, durante a sétima sessão, Thomas decidiu acrescentar uma vírgula ao seu número 10000, o qual ele interpretara como "um milhão" durante a nossa primeira entrevista, para transformá-lo em "dez mil": 10,000. Já que antes ele interpretara, de modo confiante, 10,000 como "dez mil", perguntei-lhe sobre a vírgula acrescentada.

Bárbara: Se você tivesse de pôr uma vírgula [em 10000], onde você a colocaria?

Thomas: Bem aqui [acrescentando uma vírgula a 10000 e transformando-o em 10,000]. Mas então seria dez mil.

Mais uma vez, Thomas estava usando o sinal de pontuação – a vírgula, nesse caso – para organizar o número em lotes de três algarismos e para ler o número. Durante a nossa última entrevista, quando escrevi o número 10,0000, Thomas olhou para ele e primeiro contou o número de zeros, acrescentou um zero entre o primeiro e o segundo zero a partir da esquerda, e depois mexeu na

68 Bárbara M. Brizuela

vírgula, acabando com 1000,000. Thomas disse que esse número era "um mil mil", mas que ele podia transformá-lo em "um milhão" acrescentando mais uma vírgula, terminando com 1,000,000. Pelo final da sessão, Thomas escreveu o número 5,000,000 e interpretou-o como "cinco milhões" e depois escreveu 4,000,000,000 e interpretou-o como "quatro mil milhões". Esses são outros exemplos do uso de Thomas dos sinais de pontuação para organizar os números em lotes de três algarismos. Embora Thomas não estivesse sempre usando os nomes convencionais para os números, ele estava sendo consistente ao nomear os números, focando as progressões dos "lotes de zeros".

REFLEXÕES

Na entrevista de Thomas, é importante salientar a natureza verdadeiramente construtiva da aprendizagem que ele realizou. Embora seu objeto de estudo fosse de natureza figurativa, sua aprendizagem foi operativa ou construtiva. Ademais, também é importante destacar as semelhanças entre o pensamento de Thomas sobre pontos e vírgulas em números e alguns dos marcos na história do uso social das notações – tais como notações numéricas, notações musicais e linguagem escrita. As semelhanças têm a ver com os tipos de mecanismos de pensamento e obstáculos cognitivos que podem ser identificados no desenvolvimento de notações numéricas (veja Ferreiro, 1991; Ferreiro e Teberosky, 1979). Essas semelhanças, no entanto, não implicam, de maneira nenhuma, uma relação causal entre a história das notações de uso social e o pensamento de Thomas sobre o uso de pontos e vírgulas nos números.

Como no caso de Thomas, houve dois usos distintos dos sinais de pontuação na história das notações numéricas: para agrupar algarismos na numeração (como em seus lotes de zeros) e para marcar as partes inteiras e decimais dos números (Cajori, 1928). Cajori explica que "na escrita de números que contêm muitos algarismos é desejável que exista algum símbolo separando os números em grupos de, digamos, três algarismos" (p. 57). Os vários símbolos usados ao longo da história das notações numéricas para organizar os números em grupos de algarismos geralmente foram pontos, vírgulas, barras verticais, arcos, dois-pontos e ponto-e-vírgula. Assim, o fato de Thomas trocar os pontos pelas vírgulas encontra um paralelo nas observações feitas ao longo da história das notações numéricas.

Os textos sobre a história das notações numéricas raramente contêm reflexões sobre os tipos de obstáculos cognitivos encontrados, os quais, algumas vezes, levaram ao uso de sinais de pontuação nos números. Mas, se mantivermos a suposição de que os usos e as interpretações feitos por Thomas dos sinais de pontuação nos números foram semelhantes aos seus usos na linguagem escrita, poderíamos recorrer a reflexões contemporâneas e históricas sobre o uso dos sinais de pontuação na linguagem escrita. As reflexões sobre as origens desses sinais gráficos na área da linguagem escrita são interessantes à luz dos significados de Thomas. Por exemplo, Ferreiro (Ferreiro e Zucchermaglio, 1996; Ferreiro, Pontecorvo, Ribeiro Moreira e García Hidalgo, 1996) observa como existe uma teoria da pontuação como um "lugar para respirar" natural para os leitores, que permeia ambas as escolas e a história da linguagem escrita. De fato, Parkes (1992) chamou isso de "gramática da legibilidade". Os sinais de pontuação ajudam os leitores; de fato, o uso dos sinais de pontuação originou-se nos leitores – não nos escritores – para orientar a interpretação (Parkes, 1992; veja Ferreiro, Pontecorvo, Ribeiro Moreira e García Hidalgo, 1996). Conforme Parkes (1978) explica, os sinais de pontuação ajudam o leitor a compreender o texto ao demarcar as suas unidades de sentido.

Ferreiro salienta o uso dos sinais de pontuação ao longo da evolução da escrita, tanto como organizadores do texto quanto como uma maneira de limitar as interpretações dos leitores (Ferreiro, Pontecorvo, Ribeiro Moreira e García Hidalgo, 1996). Isso é muito semelhante aos usos feitos por Thomas dos sinais de pontuação nos números: ajudá-lo a ler os números e a organizá-los graficamente. Em Thomas, essa organização posterior tende gradualmente ao agrupamento de três algarismos em lotes.

Uma exploração de alguns exemplos na história das notações musicais no ocidente revela os paralelos com a linguagem escrita no uso dos sinais de pontuação. Portanto, também aponta para paralelos entre os significados de Thomas dos sinais de pontuação nos números e o uso que eles têm na linguagem escrita e na notação musical. Por exemplo, um autor do ano de 1100 explica:

> Assim como na prosa são reconhecidos três tipos de separações, que também podem ser chamadas de "pausas" – a saber, os dois-pontos, isto é, membro; a vírgula ou *inciso*; e o ponto, *cláusula* ou *circuitus* – o mesmo acontece na música. Na prosa, quando fazemos uma pausa ao ler em voz alta, isso é chamado de dois pontos; quando a sentença é dividida por um sinal de pontuação apropriado, isso é chamado de vírgula; quando a sentença se encerra, isso é um ponto.
>
> Da mesma forma, quando uma música faz uma pausa ao se demorar na quarta ou quinta nota antes do final, existem dois pontos; quando no meio-curso ela retorna ao final, existe uma vírgula; quando ela chega ao final no fim, existe um ponto. (Johannes, citado em Treitler, 1982, p. 269-270).

Embora existam semelhanças entre o uso dos sinais de pontuação na linguagem escrita e o uso de Thomas dos sinais de pontuação, há semelhanças paralelas entre o uso de sinais de pontuação na linguagem escrita e na história das notações musicais. Além disso, Treitler (1982) observa que "os sinais notacionais [musicais] e os sinais de pontuação, consequentemente, desempenham um papel semelhante ao ajudar o cantor/leitor a compreender o texto" (p. 270). O que eu gostaria de salientar são as semelhanças entre os usos e as interpretações dos sinais de pontuação nos números, por parte de Thomas, e

70   Bárbara M. Brizuela

seus usos e suas interpretações em outros sistemas notacionais de uso social, tal como a linguagem escrita e as notações musicais. Todavia, não penso que temos evidências suficientes para descrever ou dizer em que sistema notacional o uso dos sinais de pontuação teve origem e em que sistema eles foram depois adotados. Conforme Treitler (1982) salienta:

> Ainda não sabemos se esses sinais e suas funções se desenvolveram para uma prática e foram tomados emprestados pela outra e, se foi o caso, em que direção esse empréstimo aconteceu. No momento, o importante é estabelecer que *existe* esse aspecto comum nas notações musicais e na pontuação. (p. 271)

Mais uma vez, embora o objeto de estudo de Thomas fosse de natureza figurativa, sua aprendizagem foi operativa ou construtiva. Portanto, estou afirmando que pode haver um processo operativo e construtivo envolvido na apropriação de um objeto de conhecimento essencialmente figurativo, como o sistema numérico escrito. Ademais, poderíamos dizer que, no decorrer das oito sessões que Thomas e eu tivemos, os pontos e as vírgulas nos números tornaram-se objetos conceituais para ele.

Eu também espero ter oferecido, por meio deste relato, uma reflexão sobre a necessidade de mais estudos descrevendo o tipo de trabalho operativo e construtivo envolvido na aprendizagem infantil do sistema numérico escrito. São necessários estudos que examinem a lógica e as hipóteses das crianças conforme elas reinventam tal sistema. As crianças desenvolvem ideias sistemáticas sobre o sistema numérico escrito. Por meio dos trechos aqui apresentados também gostaria de demonstrar a necessidade de se dar um lugar ao sistema numérico escrito na esfera da gênese do conhecimento matemático. Continuo afirmando que as crianças não desenvolvem primeiro suas ideias sobre os aspectos conceituais dos números e depois compreendem e aprendem os aspectos escritos dos números. Além disso, com relação ao conhecimento dos números escritos, as crianças não iniciam sua instrução numérica formal como uma tábula rasa.

N. de R.T. Os lotes referidos neste capítulo significam classes de três algarismos no sistema numérico decimal.

5

Sara: notações de frações que a ajudam a "pensar em algo"

Com Analúcia Schliemann e David Carraher

David (ao ver gráficos de torta de Sara representando terços): E... estas fatias [os terços] são do mesmo tamanho ou de tamanhos diferentes?

Sara: Bem, eu não sei, quando desenho isso é só para me ajudar a pensar em alguma coisa, de modo que isso realmente não importa.

David: Isso realmente não importa. Mas se você fizesse um desenho perfeito, deveria desenhá-las do mesmo tamanho ou de tamanhos diferentes? Ou não importa?

Sara: Do mesmo tamanho.

David: Oh, OK.

Nos capítulos anteriores, focalizei a compreensão da criança do sistema numérico escrito sob diferentes aspectos. As notações matemáticas, contudo, não se limitam à representação do sistema numérico. Este capítulo e os seguintes tratarão de outros tipos de notações, como frações, tabelas de dados e gráficos cartesianos de coordenadas, utilizados principalmente no contexto da solução de problemas algébricos.

O foco deste capítulo é uma aluna de 3ª série chamada Sara. Ela exemplifica, por suas ações e palavras, como as notações podem representar não apenas o que foi feito no processo de solucionar um problema, mas também como as notações podem se tornar ferramentas para *pensar e refletir sobre um problema*. O exemplo de Sara nos ajuda a pensar sobre as notações infantis não apenas como ferramentas com as quais os aprendizes podem representar sua compreensão e seu pensamento, mas também como ferramentas para desenvolvê-los. Conforme Sara explicou durante uma entrevista, referindo-se ao gráfico de tortas que desenhara para representar as frações sobre as quais estava pensando: "Bem, eu não... quando desenho isso [o gráfico de torta] é só para me ajudar a pensar em alguma coisa, de modo que realmente não importa [que as fatias do gráfico tenham tamanhos diferentes]."

72 Bárbara M. Brizuela

O trabalho com Sara foi realizado como parte de um estudo do Pré-Álgebra com uma turma de 18 alunos de 3ª série de uma escola pública de ensino fundamental, durante um experimento de ensino que durou um ano. Os Capítulos 6 e 7 descrevem uma continuação do projeto Pré-Álgebra em um estudo longitudinal na mesma escola. A escola em que trabalhamos atende a uma comunidade de várias etnias e raças, o que está refletido também na composição das turmas, as quais incluíam crianças da América do Sul, Ásia, Europa e América do Norte. A população escolar era constituída por 75% de latinos, e 83,09% das crianças se qualificavam para receber almoço escolar grátis ou com preço reduzido.

O trabalho tinha como objetivo compreender e documentar questões de aprendizagem e ensino em um contexto aritmético "algebrificado" (Kaput, 1995) ou "algebratizado" (Davydov, 1991). As atividades de ensino na sala de aula consistiam em uma "aula de matemática" de duas horas de duração, duas vezes por semana. Os tópicos das aulas evoluíram de uma combinação do conteúdo do currículo, dos principais objetivos da professora para cada semestre e das perguntas que trazíamos. Durante o experimento de ensino, as notações foram uma parte do trabalho com as crianças.

Neste capítulo, o conteúdo específico tratado por Sara são as frações no contexto de problemas algébricos. Os pesquisadores, cada vez mais, concluem que as crianças são capazes de compreender conceitos matemáticos considerados fundamentais para a aprendizagem da álgebra (Brito-Lima e da Rocha Falcão, 1997; Carraher, Schliemann e Brizuela, 1999; Schifter, 1998; Schliemann, Carraher, Pendexter e Brizuela, 1998). Muitos investigadores e educadores agora acreditam que as ideias e notações algébricas elementares são uma parte da compreensão da matemática inicial por parte dos jovens alunos. O *raciocínio algébrico* infantil refere-se a casos em que eles expressam propriedades (por exemplo, "sempre que dividimos por 2 um número que termina em um algarismo par, vai sobrar zero") ou quantidades gerais dos números (por exemplo, "independentemente de quantos chocolates tem o John, se ele tiver dois terços dos chocolates que o Mark tem, então o Mark tem uma e meia vez a quantidade de chocolates que o John tem"). Embora as crianças possam expressar espontaneamente essas propriedades e relações gerais por meio de uma linguagem natural, sem fazer uso de outras notações, elas também podem expressá-las por meio de notações escritas, sem precisar tratar a notação convencional como um mero apêndice do raciocínio. Portanto, torna-se necessário documentar como se expande o repertório simbólico das crianças para expressar propriedades gerais. As crianças não avançam subitamente da expressão isenta de símbolos para a notação escrita convencional. As palavras são símbolos. Os diagramas são símbolos. As notações matemáticas escritas são simbólicas, conformem-se ou não às convenções matemáticas. A nossa tarefa é documentar como as crianças expressam, de início, as relações gerais e, pouco a pouco, assimilam notações convencionais ao seu repertório expressivo. Consequentemente, é crucial que nos perguntemos como o raciocínio in-

Desenvolvimento matemático na criança **73**

fantil evolui e que papel, se é que algum, as notações simbólicas recém-assimiladas desempenham no curso dessa evolução do pensamento. Essas questões estão alinhadas com uma pergunta formulada por Kaput (1991): "Como as notações materiais e as construções mentais interagem para produzir novas construções?" (p. 55).

Em análises anteriores do uso feito por crianças de notações em problemas que requerem raciocínio algébrico, identificamos a maneira gradual pela qual as notações da criança tornam-se cada vez mais independentes do contexto (Brizuela, Carraher e Schliemann, 2000). No início do ano escolar, as notações criadas pelos alunos para representar e resolver problemas algébricos estavam "tingidas" por aspectos peculiares ao problema em questão. Por exemplo, ao representarem um problema em que 17 peixes tinham sido reduzidos a 11 peixes, as crianças desenhavam peixes, com olhos, rabos e nadadeiras. Embora essas notações servissem bem ao propósito de representar o problema que estava sendo tratado, elas provavelmente não serviriam para representar problemas com uma estrutura subjacente similar – por exemplo, como uma conta bancária de 17 dólares caiu para 11 dólares. Com o passar das semanas, todavia, as notações das crianças tornaram-se mais esquemáticas e mais gerais, focando as relações lógicas entre quantidades em vez das propriedades físicas das quantidades. Para explorar melhor as notações da criança na álgebra inicial, começamos a considerar o papel que as notações podem desempenhar no pensamento delas acerca de diferentes problemas.

Uma parte essencial do desenvolvimento matemático da criança é a sua compreensão das frações (veja, por exemplo, o anuário de 2002 do NCTM dedicado a esse tópico, em Litwiller, 2002). A experiência das crianças com frações começa antes mesmo da escolarização formal (Smith, 2002). Igualmente, os símbolos e as notações criados por elas para as frações são cruciais para sua compreensão conceitual. Como acontece em outras áreas da matemática, no domínio das frações, "o uso do desenho permite que as crianças compreendam e resolvam situações e realizem procedimentos que, de outra forma, estariam além de seu alcance" (Sharp, Garofalo e Adams, 2002, p. 27). Empson (2002) também salienta que, na área das frações, "as ferramentas representacionais... são o meio de resolver problemas e expressar o pensamento" (p. 35).

Em seu trabalho sobre ferramentais culturais e aprendizagem matemática, Cobb (1995) destaca duas perspectivas opostas – a sociocultural e a construtivista – na análise das notações da criança. Poderíamos argumentar, sob uma perspectiva sociocultural, que as crianças internalizam as notações usadas pela comunidade matemática. Também poderíamos argumentar, presumivelmente sob uma perspectiva construtivista, que o desenvolvimento conceitual ocorrerá independentemente das ferramentas culturais, como as notações, utilizadas pelos membros da comunidade de aprendizes. A posição assumida por este capítulo é intermediária entre essas duas visões. Isto é, a tarefa é explorar e documentar como a assimilação de notações convencionais interage com o desenvolvimento conceitual das crianças.

74 Bárbara M. Brizuela

Neste capítulo, também examinaremos de modo breve as conexões e possíveis semelhanças entre as notações desenvolvidas pelas crianças e alguns dos marcos na história das notações matemáticas. Charles Babbage, por exemplo, escrevendo em 1827 sobre as vantagens inerentes à invenção das notações algébricas, afirmou:

> A quantidade de significado condensada em um pequeno espaço por sinais algébricos é outra circunstância que facilita os raciocínios que estamos acostumados a realizar com sua ajuda. A adoção de linhas e figuras para representar quantidade e magnitude foi o método empregado pelos antigos geômetras para apresentar aos olhos alguma figura pela qual o curso de seus raciocínios poderia ser traçado. Mas era necessário preencher esse contorno com uma descrição tediosa que, mesmo em casos sem nenhuma dificuldade especial, se tornava quase imcompreensível, apenas por ser excessivamente longa: a invenção da álgebra removeu quase por completo essa inconveniência. (Cajori, 1929, p. 331)

Neste caso, precisaremos explorar, nas notações de Sara e dos alunos de 3ª série com os quais trabalhamos, se suas notações dos problemas os ajudam a condensar sua compreensão desses problemas. A. N. Whitehead referiu-se claramente a esse processo em 1911: "Ao poupar o cérebro de todo o trabalho desnecessário, uma boa notação deixa-o livre para se concentrar em problemas mais avançados" (Cajori, 1929, p. 332). Que efeitos o uso de notações escritas para resolver problemas algébricos teria sobre os processos de raciocínio das crianças?

RESOLVENDO PROBLEMAS ALGÉBRICOS DURANTE A AULA

Em nossa aula de 28 de maio, que foi a 15ª e última aula conosco, David Carraher (que era o professor neste experimento de ensino) e os nossos alunos da 3ª série estavam resolvendo problemas de frações. O primeiro problema apresentado à turma foi o seguinte:

> Jéssica gastou um terço do seu dinheiro para comprar sorvete.
> Depois de comprar o sorvete, ela ficou com US$6.
> Quanto dinheiro ela tinha antes de fazer a compra?
> Como você sabe?
>
> Faça um desenho mostrando:
> seu dinheiro antes de comprar o sorvete;
> o dinheiro que ela gastou no sorvete;
> o dinheiro que ela tinha depois de comprar o sorvete.

Como fizéramos muitas vezes antes, incentivamos os alunos a usar qualquer tipo de notação com o qual se sentissem confortáveis – flechas, formas, desenhos ou gráficos de torta. As crianças haviam sido apresentadas ao uso dos

Desenvolvimento matemático na criança **75**

gráficos de torta como notações para frações de unidade pela professora regular da turma na semana anterior a esta aula. Conforme os alunos começaram a pensar sobre o problema de Jéssica, Jenny propôs que a resposta deveria ser 24 – em outras palavras, que Jéssica deveria ter começado com US$24. Explicando sua solução referindo-se a quartos, em vez de terços, ela disse: "Um quarto dele [o dinheiro que ela tinha] é US$6, se somarmos US$6 quatro vezes teremos 24." Em seguida a isso, David pediu mais voluntários:

David: Alguém mais tem outra análise para nos dar?

Nathia: O que é análise?

David: (Sara levantou a mão para participar.) OK, Sara, diga-nos o que você está pensando.

Sara: Ela (referindo-se à Jenny) disse um quarto. Mas ele [o problema] diz um terço. Então a gente pode desenhar isso em partes, assim (desenhando um gráfico de torta em terços, com um número 6 escrito em cada uma das três fatias).

David: Quantas partes você tem aí?

Sara: Três.

Michael: Este é o sinal de paz (referindo-se ao gráfico de torta cortado em terços).

Sara: Seis, seis e seis (apontando para as três "fatias de torta" em seu diagrama). Seis e seis é doze (apontando para as duas fatias de seu gráfico). E seis é US$18 ao todo (apontando para o último pedaço).

David: Então, agora temos duas respostas diferentes [para a quantidade total de dinheiro que Jéssica tinha – 24 e 18]. Continue.

Sara (Ao ler o problema): Um terço do seu dinheiro para o sorvete. E... mas... eu fiz errado (voltando à sua notação do gráfico de tortas).

David: Você fez errado, por quê?

Sara: Porque deveria ser assim (riscando sua primeira notação e depois desenhando um gráfico de torta em terços, dessa vez com o número 3 escrito em cada pedaço). Porque se ela tem US$9, este é o seu sorvete (apontando para um dos pedaços); então, estes são os US$6 com que ela ficou (apontando para os dois pedaços restantes e referindo-se aos US$6 mencionados no problema). Se ela gastou isto (apontando para um dos pedaços) no seu sorvete, ficaram três e três (apontando para as duas fatias restantes no gráfico).

David: Então agora você acha que ela tinha US$9 em vez de US$18. OK.

Neste exemplo, vemos Sara tentando entender o problema apresentado utilizando as notações que faz para ajudá-la a chegar à resposta. A Figura 5.1

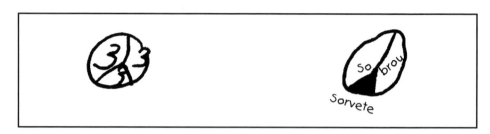

Figura 5.1
As notações de Sara para resolver o problema do sorvete.

mostra as notações que Sara fez para esse problema em seu caderno naquele dia, na aula, depois de tê-lo resolvido diante de toda a turma.

Enquanto tentava resolver o problema diante de toda a turma, Sara primeiro apresentou seu pensamento sobre o problema – o que ela achava que ele dizia. Ela não tentou representar todas as ações que ocorriam nele – tal como a compra do sorvete e o gasto do dinheiro – mas, em vez disso, ela extraiu as informações essenciais para poder resolvê-lo. O fato de Sara ter escrito "sobrou" e "sorvete" pode ser entendido como representando as diferentes ações no problema. Essas notações específicas, contudo, não foram feitas *enquanto* ela estava resolvendo o problema e parecem expressar os "tipos" de quantidades (isto é, este é o dinheiro que sobrou, ou o dinheiro que foi gasto) mais do que os diferentes passos do problema.

A primeira questão a classificar neste problema é a dos "terços" – especialmente dado que o problema foi primeiro apresentado em termos de quartos por Jenny, uma participante muito importante na turma. Depois, quando Sara usou a notação como uma ferramenta para refletir outra vez sobre o problema, ela foi capaz de voltar ao problema e pensar sobre ele através das lentes que criara com a sua notação. Ao voltar e refletir, ela *modificou* o seu pensamento. Sara descobriu que o primeiro gráfico de torta que fizera com 6, 6 e 6 não correspondia a dois terços da quantidade ser seis, conforme havia sido mencionado no problema. Então, usando essa primeira notação como um trampolim, ela só precisou fazer um pequeno ajuste em sua notação inicial para condizer com o que estava acontecendo no problema. Embora Sara estivesse usando o tipo de notação de frações preferido no contexto de sua turma (isto é, o gráfico de torta), ela ainda estava se apropriando dessa notação específica e utilizando-a para compreender o problema – de certa maneira, podemos dizer que ela estava reinventando a notação. De fato, descobrimos que o uso dos gráficos de tortas para representar frações de unidade não ajuda necessariamente as crianças a resolver ou compreender os diferentes problemas de frações. Nós devemos lembrar aqui das palavras de E. Mach, em 1906, de que "os símbolos que a princípio parecem não ter nenhum significado, adquirem, aos poucos, após a sujeição ao que poderíamos chamar de experimentação intelectual, um significado lúcido e preciso" (Cajori, 1929, p. 330). Os símbolos, como o "gráfico de torta", não levam automaticamente a um entendimento das frações.

O seguinte episódio, de um momento posterior da mesma aula, ilustra mais uma vez como Sara estava usando as notações para pensar e refletir sobre o problema. As crianças haviam começado a trabalhar sozinhas ou em duplas em um segundo problema:

> Cláudia decidiu comprar um livro sobre lagartos.
> Ontem, ela tinha apenas um quarto do dinheiro necessário para comprar o livro.
> Hoje, Cláudia ganhou mais US$3.
> Agora ela tem metade do dinheiro necessário.
>
> Quanto custa o livro?
>
> Faça um desenho mostrando:
> quanto dinheiro ela tinha ontem;
> de quanto dinheiro ela precisa.
>
> Tente mostrar onde os US$3 encaixam-se em seu desenho.

David Carraher observou a solução de Sara para o problema e chamou Analúcia Schliemann para ouvir também suas explicações sobre as notações que fizera e seu pensamento:

> Eu decidi que... Cláudia decidiu comprar um livro sobre lagartos. Ontem ela só tinha um quarto do dinheiro necessário para comprar o livro (lendo o problema). Quando vi um quarto, decidi desenhar o círculo com a linha e a linha (referindo-se ao gráfico de torta e às linhas vertical e horizontal que o atravessavam [Figura 5.2a]). E depois Cláudia ganhou mais três (continuando a ler o problema). Eu pensei, ela talvez tinha três dólares antes e depois ganhou mais três. Então, eu coloquei os três aqui e os três ali (apontando para os dois 3s na metade inferior do gráfico de torta). Mas, se fazemos assim, este é metade, e este é metade (apontando para cada uma das metades no gráfico de torta), de modo que ela tem uma metade e precisa de uma metade, então o livro custa US$12.

Embora Sara não tenha sido acompanhada *enquanto* estava resolvendo o problema, ela foi capaz de verbalizar, com detalhes consideráveis, o processo pelo qual passou e como usou as notações para resolver o problema. As notações que fez ajudaram-na, em primeiro lugar, a estruturar o seu pensamento sobre o problema. Quando o problema afirmou que Cláudia tinha um quarto, depois ganhou mais três e, por fim, tinha metade do dinheiro necessário, ela usou as informações do problema para supor – corretamente – que cada quarto tinha de ser igual. Nesse caso, cada quarto do dinheiro tinha de ser US$3. O fato de Sara escolher o número 3 *pode* ter sido fortuito: ela pode ter pego o número ao acaso e ele deu certo. Mas isso provavelmente não aconteceu, por-

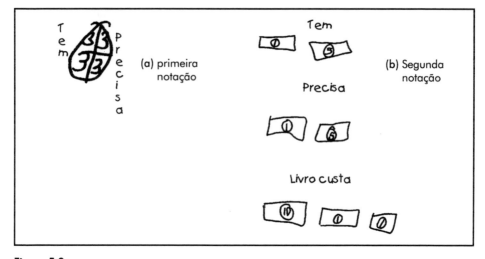

Figura 5.2
As notações de Sara para o problema de Claudia.

que a notação que ela desenvolveu a partir dessa inferência baseou-se em seu pensamento sobre frações e ajudou a ampliá-lo.

Mais tarde no mesmo dia, Sara, incentivada por David, fez uma declaração sobre o uso de diferentes tipos de notação muito relevante para o tópico que estamos tratando neste capítulo. Trabalhando sobre o problema de Cláudia, Sara propôs duas notações diferentes. A princípio, ela fez a notação que descrevera para Analúcia diante de toda a turma e explicou-a. Depois, fez uma segunda notação, dizendo: "Eu tenho outra maneira, uma maneira que não usa as fatias". A Figura 5.2b mostra a notação de Sara que representa as notas de dólar de que Cláudia precisaria para comprar seu livro. Quando ela acabou essa notação, David conversou com ela:

> David: Sabe, Sara, acho que um dos... você fez dois desenhos diferentes. Um deles é um bom desenho se você ainda não compreendeu, e o outro é um desenho que só funciona se você já entendeu.
> Sara: Sim, se você já entendeu [o problema], este é bom (apontando para a Figura 5.2b), mas, se não, este das fatias provavelmente seria melhor (veja a Figura 5.2a). Se alguém já fez a torta com as fatias, talvez você queira usar este aqui (apontando para a Figura 5.2b).

Conforme ela explicou, uma dessas notações, o gráfico de torta, ajudou-a a *pensar* sobre o problema, enquanto a outra, a notação do dinheiro, só mostrou o que ela fez *depois de resolver* o problema. Mas nós poderíamos também dizer que, embora a notação do gráfico de torta a tenha ajudado a *estruturar* o seu pensamento, ela também o utilizou depois para *reestruturá-lo*: ela reorganizou as quantidades (3 + 3 = 5 + 1; e 12 = 10 + 1 + 1) em relações que se referiam ao que Cláudia tinha, ao que Cláudia precisava e ao custo total do livro, além de reorganizar as quantidades (de US$1 e US$5 até US$10, US$1 e US$1).

RESOLVENDO PROBLEMAS ALGÉBRICOS DURANTE UMA ENTREVISTA

Em junho, depois de 15 encontros em sala de aula no decorrer do ano escolar, realizamos entrevistas individuais com algumas das crianças do grupo. David entrevistou Sara sobre o seguinte problema de frações, um seguimento da nossa última aula em maio:

> Dois terços de um peixe pesam 10 quilos.
> Quanto pesa o peixe ao todo?

Inicialmente, Sara leu o problema. Logo depois de fazer isso, ela propôs uma solução.

Sara: Vinte quilos. Porque, dois terços... não, espere, 15 quilos. Porque seria (desenhando um gráfico de torta imperfeito [Figura 5.3a]) cinco, dez, quinze (apontando para cada um dos terços).

David: Meu Deus.

Sara: E aqui tem dez (apontando para os dois terços) e aqui tem cinco (apontando para o terceiro terço).

David: Então qual é o... você fez este desenho tão rápido! Parabdeep, ela nem nos deu chance de pensar a respeito disso, não foi? Sara, o que isso quer dizer?... Vamos ler isso de novo. Dois terços de um peixe pesam 10 quilos.

Sara: Eu pensei, eu estava tentando, porque a princípio eu pensei que era assim (desenhando um gráfico de torta dividido em quatro [Figura 5.3b]), mas depois lembrei que era assim (referindo-se aos terços da Figura 5.3a). Então, eu entendi que não pode ser assim (quartos), tem de ser assim (terços).

David: Você desenhou terços ou quartos aqui (referindo-se à Figura 5.3b)?

Sara: Este é de quartos. Eu pensei, é como "dois" (referindo-se à menção dos "dois terços" no problema) e saltei e pensei que fosse quatro.

David: Então agora você fez deste jeito (referindo-se à Figura 5.3a)?

Sara: Sim.

David: E você mudou muito rapidamente mesmo. E estas deveriam... estas fatias deveriam ser do mesmo tamanho ou de tamanhos

diferentes (referindo-se aos segmentos em terços da Figura 5.3a)?
Sara: Bem, não sei, *quando eu desenhei isto foi só para me ajudar a pensar em alguma coisa, de modo que isso realmente não importa* (ênfase acrescentada).
David: Isso realmente não importa. Mas se você desenhasse isso com perfeição, desenharia as fatias do mesmo tamanho ou de tamanhos diferentes? Ou não importa?
Sara: Do mesmo tamanho.
David: Oh, OK.
Sara: Então, se eu quisesse desenhar isso certo, talvez ficasse assim (desenhando um gráfico de torta dividido em terços, bem proporcionado [Figura 5.3c]).

Aqui, Sara está claramente afirmando que usou a notação para ajudá-la a pensar. A notação a está ajudando a chegar ao fim do problema e a refletir sobre ele. Até mesmo a notação que ela ainda não fez, mas na qual já está pensando, ajuda-a a refletir sobre o problema. A notação vem a ser uma espécie de "imagem mental" (Piaget e Inhelder, 1966/1971) para a sua compreensão do problema. Ao objetivar e reificar essa imagem mental, ela foi capaz de refletir sobre ela, clarificá-la e desenvolver seu pensamento sobre o problema.

Figura 5.3
As notações de Sara para o problema de peso do peixe.

REFLEXÕES

Como os alunos de Cobb que utilizaram o tabuleiro de centenas (Cobb, 1995), não podemos dizer que Sara *compreendeu* os problemas de frações porque teve acesso à notação do "gráfico de torta". As evidências, ademais, não são conclusivas. Por exemplo, não há evidências de como se desenvolveram o seu pensamento sobre frações e suas notações para elas. O que temos, de fato, é um pequeno instantâneo do processo que ela atravessou ao resolver uma série de problemas sobre frações e hipóteses sobre o papel que as notações podem ter desempenhado. Além disso, podemos dizer que suas notações ajudaram-na a refletir sobre os problemas e a aumentar a sua compreensão sobre ele. As notações de Sara ajudaram-na a pensar sobre os problemas, e nesse processo de pensar – e refletir – sua compreensão tornou-se mais complexa.

O desafio inicial de Sara era encontrar uma notação que a ajudasse adequadamente a *pensar sobre* os problemas em questão. Conforme ela própria explicou, o gráfico de torta ajudou-a a pensar sobre o problema de Cláudia, enquanto a notação das notas de dólares (que não era uma das "ferramentas" que lhe tinham sido apresentadas em sala de aula) não a ajudou (veja as Figuras 5.2a e 5.2b). Como a reflexão de Babbage (veja Cajori, 1929) sobre as vantagens das notações algébricas, os raciocínios de Sara foram facilitados pelos gráficos de torta que ela desenhou – diagramas que, no entanto, não descreviam em detalhes tudo o que acontecia no problema. Ao condensar significados em suas notações, Sara foi capaz de raciocinar sobre o problema, usando as notações como um trampolim e uma ferramenta para desenvolver esse raciocínio.

Além disso, poderíamos tentar argumentar que as notações de Sara apoiaram e aumentaram seu raciocínio algébrico. Suas notações representavam relações gerais entre quantidades. De fato, as notações que ela fez para o problema do sorvete (veja a Figura 5.1), para o problema de Cláudia (veja a Figura 5.2) e para o problema do peso do peixe (veja a Figura 5.3) poderiam representar qualquer outro problema que mencionasse as mesmas quantidades. As notações não expressam ações que ocorriam no problema, ou as operações que foram executadas com as quantidades, mas as relações gerais entre as quantidades no problema. As notações que ela fez ajudaram-na a modificar o seu pensamento e a refletir sobre os problemas que lhe foram apresentados.

Voltando à pergunta de Kaput (1991): "Como as notações materiais e as construções mentais interagem para produzir novas construções?" (p. 55), poderíamos começar dizendo que, embora as notações de Sara não sejam notações algébricas convencionais, elas realmente constituem uma internalização de uma notação convencional aceita no contexto de sua sala de aula, e a gradual apropriação dessas notações apoia e desenvolve o seu raciocínio algébrico. Isto é, este é um ponto intermediário entre as visões dicotômicas apresentadas no início deste capítulo por Cobb (1995) – a sociocultural e a construtivista.

6

Jennifer e seus colegas: tabelas de dados e relações aditivas

Com Susanna Lara-Roth

> Jennifer: [Uma tabela de matemática de verdade] mostra como eles fizeram, assim, mostra quanto eles têm, e nós podemos fazer comparações... Assim, ambos têm sete, os dois têm doze e, então, ela tem quatro mais.
>
> Bárbara: OK. Então, para o que você acha que as tabelas são usadas na matemática?
>
> Jennifer: Para comparar... Nós podemos usá-las para comparar e também podemos usá-las para fazer matemática.

J ennifer é uma aluna de 3ª série com quem trabalhamos no contexto de um estudo de Pré-Álgebra, uma extensão do estudo do qual Sara participou (veja o Capítulo 5). Nós trabalhamos com Jennifer e seus colegas desde o segundo semestre da 2ª até a 4ª série, dando aproximadamente oito aulas de matemática em cada semestre. Durante o nosso trabalho com essas crianças de 2ª e 3ª séries, tratamos dos seguintes tópicos: "mais" e "menos"; comparações aditivas; adição e subtração como funções; números e variáveis generalizados; multiplicação e divisão; gráficos e fileiras de números; tabelas para organizar informações e observar funções; notações convencionais, incluindo inscrições algébricas. Em nosso trabalho com estes alunos do ensino fundamental, enfatizamos as notações para problemas algébricos. Um dos tipos de notação que se tornaram importantes foi o das tabelas de dados.

Embora as tabelas sejam uma parte integral do currículo de matemática, sabemos surpreendentemente pouco sobre como essa ferramenta facilita a compreensão da álgebra e, em particular, a das funções. De modo específico, não sabemos como a compreensão da criança sobre tabelas, como ferramenta notacional, relaciona-se ao seu entendimento paralelo, crescente, da álgebra e das funções. O mesmo não pode ser dito de outras ferramentas relacionadas às funções, como os gráficos, sobre os quais houve consideráveis pesquisas descrevendo como as crianças os compreendem e constroem (diSessa e cols., 1991; Leinhardt, Zaslavsky e Stein, 1990; Nemirovsky, Tierney e Wright, 1998; Tierney e Nemirovsky, 1995) ou outros tipos de diagramas (Sellke, Behr e Voelker,

84 Bárbara M. Brizuela

1991; Simon e Stimpson, 1988). Neste capítulo, nós tratamos de várias questões: qual é a natureza do significado da criança sobre as tabelas? Como evolui a sua compreensão? O que as crianças aprendem sobre funções, sobre álgebra e sobre matemática quando estão trabalhando com tabelas? E que questões os educadores e os planejadores de currículos precisam levar em conta quando propõem atividades de aprendizagem que empregam tabelas?

O trabalho que apresentamos neste capítulo contrasta com as pesquisas realizadas até o momento. Sellke e colaboradores veem o uso de diagramas ou "tabelas de ligação" como

> sobrepondo-se à influência dos modelos intuitivos e das limitações numéricas a eles associados, sobrepondo-se a concepções inexatas que muitos alunos têm das duas operações, refletindo relações multiplicativas entre as quantidades, representando com exatidão o significado semântico do problema, [sendo] efetivo independentemente das características numéricas. (Sellke et al., 1991, p. 31)

Simon e Stimpson (1988) sugerem que diagramas concretos são uma ajuda para as crianças quando "surge confusão com as abstrações" dos problemas algébricos que lhes são apresentados (p. 140). Além disso, Streefland (1985) descobriu que "a representação da razão sob forma de tabela é um registro permanente da proporção como uma relação de equivalência e, dessa maneira, contribui para a aquisição do conceito correto" e "facilita o progresso na esquematização" (p. 91). Esses pesquisadores focalizaram o uso de tabelas para *aumentar* ou *orientar* a compreensão dos alunos das funções. Em contraste, neste capítulo, tentaremos desvendar os significados sobre tabelas, funções, álgebra e matemática já presentes nas crianças por meio da análise das tabelas originais que as mesmas criaram. Essa abordagem psicogenética às notações infantis é semelhante à adotada na área do letramento por Ferreiro (Ferreiro, 1988; Ferreiro e Teberosky, 1979) e na área das notações musicais por Bamberger (1988).

Em nossa pesquisa em sala de aula (veja Carraher, Brizuela e Earnest, 2001; Carraher, Brizuela e Schliemann, 2000; Carraher, Schliemann e Brizuela, 2001; Schliemann, Carraher e Brizuela, 2001), nós percebemos que as crianças tendem a construir tabelas que diferem significativamente das tabelas convencionais que nós, os professores, lhes apresentamos. Isso nos sugeriu que a reconstrução das tabelas por parte das crianças pode nos informar sobre como elas trabalham notações tabulares em seu pensamento – seu pensamento em geral e sobre funções em particular. Tomemos o caso de um aluno de 2ª série chamado Joey. Quando lhe pedimos para construir uma tabela mostrando os dados com os quais estávamos trabalhando em um problema de palavras, ele começou a espiar a tabela impressa na última página de seu material. Conforme reconstruía a tabela, ele folheava intermitentemente as páginas para verificar o seu trabalho e avançar para a próxima etapa. A Figura 6.1a mostra a tabela feita por ele. À primeira vista, ele apenas a transpôs, organizando as

Desenvolvimento matemático na criança **85**

	Jéssica	Daniel	Leslie
Dia 1	7	4	0
Dia 2	9	6	2
Dia 3	12	9	5
Dia 4	14	11	7
Dia 7	20		
Dia 10		20	
Dia 16			20
Qualquer dia		X	

(a) A tabela que Joey usou como modelo

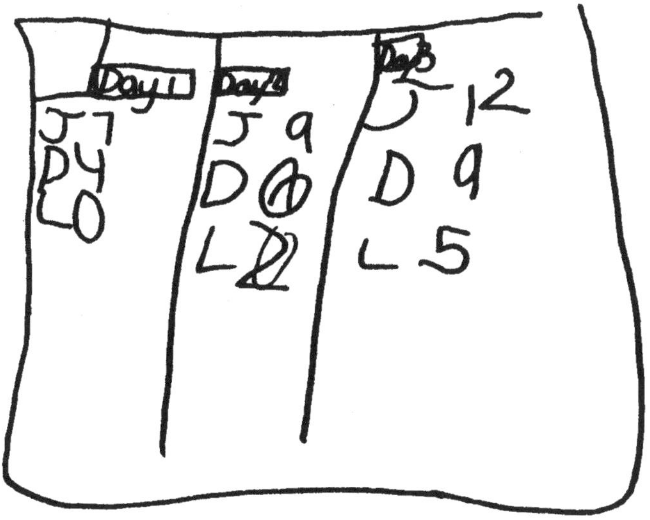

(b) A tabela de Joey

Figura 6.1

A tabela reconstruída por Joey.

colunas por dias (mesmo que elas estivessem organizadas pelos nomes das crianças na tabela original) e as fileiras por crianças. Mas ele não colocou os nomes das crianças apenas uma vez no início de cada fileira. Em vez disso, ele escreveu as iniciais da criança em cada um dos espaços. Em outras palavras, na reconstrução de Joey, a inicial de Jéssica aparece em todos os espaços da fileira

86 Bárbara M. Brizuela

1, a inicial de Daniel aparece em todos os espaços da fileira 2, e a inicial de Leslie aparece em todos os espaços da fileira 3.

Neste capítulo, exploramos as tabelas de dados criadas pelas crianças, com os objetivos de (1) saber o que elas consideram relevante na construção de uma tabela de dados e (2) aprender mais sobre a compreensão da criança das funções aditivas, conforme refletido nas tabelas planejadas por elas.

Nós apresentaremos dois conjuntos de dados relacionados. O primeiro conjunto foi tirado do nosso trabalho com crianças em quatro salas de aula de 2ª série de uma escola pública de ensino fundamental de uma comunidade multicultural, a mesma descrita no Capítulo 5. Joey, mencionado anteriormente, é um desses alunos de 2ª série. Esses exemplos são parte do nosso trabalho longitudinal com os alunos conforme eles avançam da 2ª até a 4ª série. Durante a 2ª série, encontramos os alunos uma vez por semana, durante um período de seis semanas. O nosso currículo naquele semestre centrava-se em uma exploração de estruturas aditivas. Em meados do semestre, entrevistamos as crianças em grupos de duas ou três. O propósito da entrevista era duplo: aprender sobre a compreensão dos alunos em relação aos conceitos e manter uma interação mais individualizada com eles, como oportunidade de aprendizagem. Entrevistamos um total de 39 crianças.

O segundo conjunto de dados acompanha uma criança específica daquele grupo de 2ª série: Jennifer. Nesse conjunto de dados, acompanhamos Jennifer em sua 3ª série, analisando como a sua compreensão e uso das tabelas mudaram depois de um ano e como isso se relacionava à sua compreensão dos conceitos e das relações algébricos, assim como da matemática em geral.

SEGUNDA SÉRIE: OBSERVANDO AS TABELAS PLANEJADAS PELAS CRIANÇAS

Durante a entrevista realizada com os alunos de 2ª série em meados do semestre, apresentamos a eles o problema mostrado na Figura 6.2 (o mesmo problema que tínhamos apresentado a Joey, mencionado anteriormente). Depois de apresentar o problema, pedimos às crianças que mostrassem em uma tabela o que acontecera no problema do dia 1 até o dia 3. Não demos às crianças nenhum modelo a ser seguido na construção de suas tabelas, mas elas já haviam trabalhado com tabelas em suas aulas conosco.

A variedade de notações

As respostas das crianças foram muito variadas, algumas bastante idiossincráticas, como a de Jennifer (Figura 6.3); outras foram mais convencionais, como a de Joseph (Figura 6.4). Curiosamente, Jennifer e Joseph trabalharam

Desenvolvimento matemático na criança **87**

Dia 1:

Jéssica, Daniel e Leslie tinham um cofrinho cada um, no qual guardavam o dinheiro que ganhavam da avó. Um dia, eles contaram o dinheiro que tinham e descobriram que Jessica tinha US$7, Daniel tinha US$4 e Leslie não tinha nada. Então, eles decidiram não gastar mais nenhum dinheiro e guardar em seus cofrinhos tudo o que a avó lhes desse. Mostre quanto de dinheiro cada um tem.

Dia 2:

No segundo dia, a avó veio visitá-los e deu US$2 a cada uma das crianças. Elas colocaram o dinheiro em seus cofrinhos.
Mostre o que aconteceu.

Dia 3:

No terceiro dia, a avó veio visitá-los e deu US$3 a cada uma das crianças.
Mostre o que aconteceu.

Quanto dinheiro cada uma tem agora?

Mostre em uma tabela o que aconteceu do dia 1 ao dia 3.

Figura 6.2
O problema que foi apresentado aos alunos da 2ª série.

juntos nesse problema, embora suas respostas fossem radicalmente diferentes. Jennifer explicou que ela desenhara uma mesa[*] (literalmente!) com suas quatro pernas. Ela descreveu da seguinte maneira a sua tabela:

> Veja, eu escrevi os dias aqui (apontando para a palavra *dias*) e depois escrevi, eram três dias, certo (apontando para os números)? E isso inclui o dinheiro (apontando para a nota de dólar). E então eu desenhei quadrados, e aqui diz... no dia 2 eles ganharam US$2 e no dia 3 eles ganharam US$3.

Joseph, entretanto, explicou que ele fez "uma tabela regular... ela só tem dias e nomes" (talvez se sentindo levemente intimidado pela criação de Jennifer!).

A escolha de variáveis para colunas e fileiras

Das 39 crianças entrevistadas, 22 usaram o tempo como a variável de escolha para as fileiras e os nomes das crianças como títulos das colunas. Assim, na maioria das tabelas dessas crianças, descer uma coluna também reflete

---

[*]N. de T.: "Tabela" e "mesa", em inglês, têm a mesma grafia, *table*.

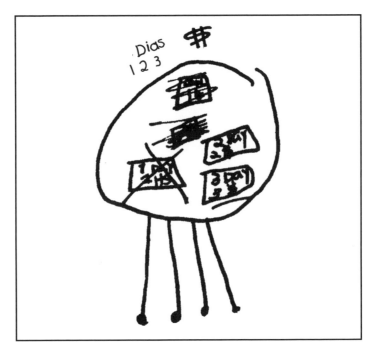

Figura 6.3
A tabela de Jennifer.

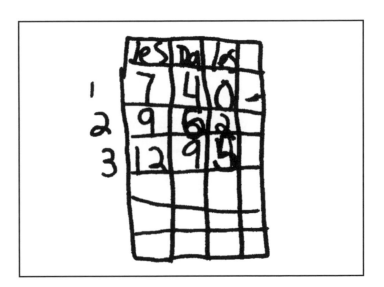

Figura 6.4
A tabela de Joey.

a passagem do tempo. A tabela de Joseph é um exemplo desse tipo de construção (veja a Figura 6.4). Em contraste, um exemplo de tabela que não segue essa ordem é a de Joey, na Figura 6.1b.

Informação explícita e implícita

Uma análise das tabelas das crianças também indica que tipo de informação elas tornaram explícito e qual permaneceu implícito. Em suas tabelas, as crianças tendiam a deixar explícitos os nomes das crianças do problema (Daniel, Jéssica e Leslie), tratando-os como uma informação que não podia ser eliminada dos espaços ou da tabela. Assim, apenas três dos 39 alunos (8%) não colocaram os nomes das crianças nas tabelas. Um exemplo de tabela que deixou de lado essa informação foi a de Jessie (Figura 6.5). Na sua tabela, é difícil discernir a quem se refere cada uma das quantidades. O fato de haver tão poucas crianças que eliminaram essa informação pode indicar que é muito importante que as quantidades tenham algum tipo de referente ou, nesse caso, de "possuidor" (veja Schwartz, 1988, 1996). Na mesma linha, 14 dos 39 alunos (36%) repetem os nomes das crianças em suas tabelas. A tabela de Raymond, por exemplo, parece indicar que ele se sentiu compelido a incluir os nomes, por iniciais, das crianças do problema – os "possuidores" de cada quantidade – em cada um dos espaços de sua tabela (Figura 6.6).

Por outro lado, os alunos de 2ª série com os quais trabalhamos nem sempre deixaram explícito em suas tabelas o número dos dias com os quais estavam lidando – isto é, a variável do tempo. Treze das 39 crianças (33%) não escreveram os números dos dias em suas tabelas (em comparação com os três alunos que não escreveram os nomes das crianças). Briana, por exemplo, não registrou explicitamente os números dos dias em sua tabela (Figura 6.7). Isso pode indicar que, na sua opinião, essa informação não precisava ser explicitada.

Parece que os números dos dias são uma informação que pode ser deixada implícita. Observando cada espaço (seja descendo as colunas ou atraves-

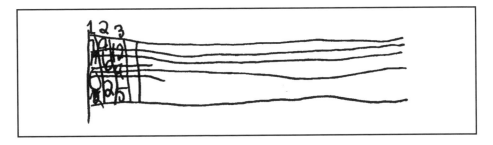

Figura 6.5
A tabela de Jessie.

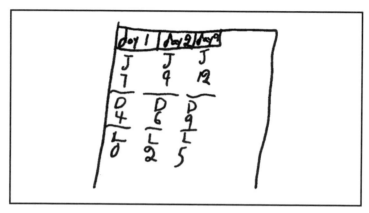

Figura 6.6
A tabela de Raymond.

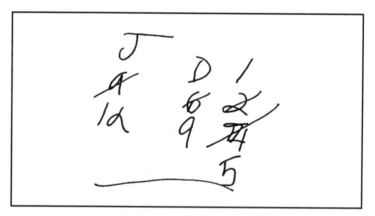

Figura 6.7
A tabela de Briana.

sando as fileiras, conforme fizeram algumas crianças, como Jessie [veja a Figura 6.5] e Raymond [veja Figura 6.6]), vemos a passagem do tempo. Portanto, algumas crianças parecem pensar que essa informação, a variável tempo, pode ser deixada implícita. Além disso, muito poucos alunos (2 dos 39 alunos, ou 5%) de fato repetiram os números dos dias em seus espaços (em comparação aos 13 alunos que repetiram os nomes das crianças nos espaços). Adam, por exemplo, repetiu a informação sobre os números dos dias em cada um dos espaços de sua tabela (Figura 6.8). Quando explicou verbalmente a sua notação durante a entrevista, Adam sentiu-se compelido a repetir não apenas os números dos dias, como também o nome de cada personagem, cada dia:

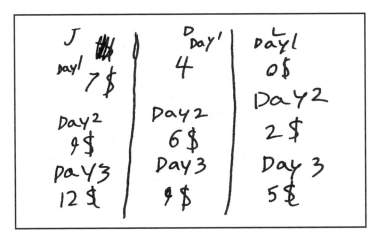

Figura 6.8
A tabela de Adam.

Dia 1, Jéssica tinha US$7; dia 1, Daniel tinha, ah, US$4; e dia 1, Leslie tinha zero dólares. Dia 2, Jéssica tinha US$9; dia 2, Daniel tinha US$6. Dia 2, Leslie tinha US$2. Dia 3, Jéssica tinha US$12. Dia 3, ah, Daniel tinha US$3. Dia 3, Leslie tinha US$5.

As escolhas que as crianças fazem sobre o tipo de informação que deve ficar explícita ou implícita em suas tabelas esclarecem algumas das questões que elas podem achar relevantes em sua construção e reconstrução das tabelas de dados (Ferreiro [1986b] e García-Milà, Teberosky e Martí [2000] exploraram previamente essa questão de informações explícitas e implícitas). Os referentes para as quantidades são importantes para elas, enquanto uma indicação da ordem temporal dos eventos não é tão importante. Na mente da criança, pode haver outras maneiras de uma tabela indicar ordem temporal; a variável dos nomes, todavia, é uma que precisa ficar extremamente explícita.

Examinando relações aditivas

Das 39 crianças entrevistadas, a maioria (36 das 39, ou 92%) mostrou em suas tabelas a quantidade cumulativa de dinheiro que cada criança tinha em cada um dos três dias – isto é, quanto dinheiro cada crianças *tinha*, e não quanto elas *ganharam*. Tabelas como a de Joseph (veja a Figura 6.4), Briana (veja a Figura 6.7) e Adam (veja a Figura 6.8) são exemplos de tabelas em que apenas as quantidades cumulativas são ali descritas. Entretanto, as outras três crianças mostraram em suas tabelas a quantidade de dinheiro *ganho* cada dia, em vez da quantidade total de dinheiro – isto é, quanto dinheiro elas *ganharam*, e não quanto elas *tinham*. A tabela de Jennifer (veja a Figura 6.3) é um exemplo desse tipo de notação. Outro exemplo é a tabela feita por Maria, a qual mostra as quantidades ganhas pelo desenho de um círculo ao seu redor. As partes circuladas, como na parte inferior da notação, são as quantidades que as crianças *ganharam* da avó no segundo e terceiro dias (Figura 6.9).

Assim, ao pensar sobre as relações aditivas que estavam representando em suas tabelas, a maioria das crianças concentrou-se nas quantidades totais, isto é, em quanto cada criança tinha em cada um dos três dias. Uma variação desse foco pode ser vista em notações como a de Briana (veja a Figura 6.7) e a de Jessie (veja a Figura 6.5). Em suas tabelas, elas riscaram a quantidade de dinheiro que as crianças tinham no dia anterior depois que constataram quanto elas tinham no dia seguinte. Portanto, quando passaram para o "dia 2", riscaram a quantidade do "dia 1". Em suas notações, pareciam precisar esclarecer que as quantidades representadas em cada fileira não devem ser somadas às quantidades das fileiras anteriores, mas que cada nova fileira torna inválida as anteriores. Poucas crianças, no entanto, concentraram-se nas *diferenças* entre as quantias que as crianças tinham em cada um dos dias, ou quanto as crianças *ganharam* em cada dia. Esse é o caso de Jennifer e Maria, descrito anteriormente.

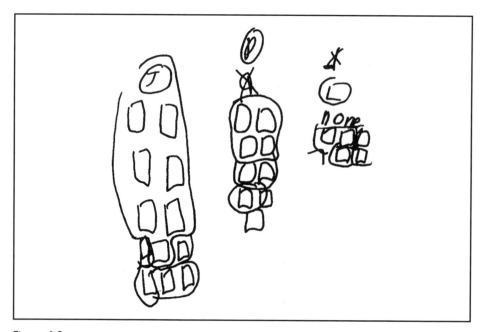

Figura 6.9
A tabela de Maria.

Desenvolvimento matemático na criança **93**

JENNIFER NA 3ª SÉRIE

Durante a 3ª série, continuamos encontrando as crianças uma vez por semana durante um período de oito semanas no outono e um período de oito semanas na primavera. O nosso programa focalizava, então, estruturas aditivas, variáveis e incógnitas e equações. Em meados do ano escolar, entrevistamos as crianças individualmente com o objetivo de saber como a sua compreensão das estruturas aditivas mudara depois de um ano. Jennifer, cuja notação de uma tabela durante a 2ª série já discutimos (veja a Figura 6.3), é uma das alunas de 3ª série entrevistadas. Durante a entrevista, apresentamos a Jennifer e seus colegas o problema mostrado na Figura 6.10. Não foi incluído nenhum modelo de tabela no final da folha entregue às crianças.

Mary e John, cada um tem um saco com bolas de gude.

- No *domingo*, ambos tinham a mesma quantidade de bolas de gude em seus sacos.
- Na *segunda-feira*, eles jogaram bola de gude com os amigos na escola, e cada um ganhou 5 bolas de gude.
    - a. Mary tem mais bolas de gude do que John?
    - b. John tem mais bolas de gude do que Mary?
    - c. Eles têm a mesma quantidade?
    - d. Como você sabe?

- Na *terça-feira*, eles jogaram outra vez bola de gude na escola. Dessa vez, Mary perdeu 3 bolas, e John 7.
    - a. Mary ainda tem a mesma quantidade que John de bolinhas de gude?
    - b. Como você sabe?
    - c. Qual é a diferença entre as duas quantidades?

- *Na quarta-feira, Mary abriu seu saco e descobriu que tinha 9 bolas de gude dentro dele.*
    - d. Quantas bolas de gude cada um deles tinha no domingo?
    - e. Quantas bolas de gude John acabou tendo em seu saco na quarta-feira?

Mostre em uma tabela o que aconteceu de domingo até quarta-feira.

Figura 6.10
O problema apresentado à Jennifer e a seus colegas na 3ª série.

No ano anterior, em sua 2ª série, Jennifer desenhara uma tabela bastante idiossincrática (veja a Figura 6.3), uma "mesa" completa, com quatro pernas. Na 3ª série, Jennifer reagiu de modo muito diferente ao meu pedido de criar uma tabela mostrando o problema que apresentáramos, e falou sobre sua "mesa" do ano anterior.

Jennifer: Eu fiz isso muito mal no ano passado.
Bárbara: É mesmo?

Jennifer: Sim.
Bárbara: Como você sabe?
Jennifer: Porque desenhei uma mesa.
Bárbara: Ah, você ainda lembra? Sim? Por que você acha que fez isso mal?
Jennifer: Porque eu não sabia o que era [uma tabela].

Um ano após a primeira entrevista relatada neste capítulo, Jennifer fez uma tabela mais convencional (Figura 6.11). Ela usou os nomes das crianças como títulos para as fileiras, e os dias da semana como títulos para as colunas, o que reflete a passagem do tempo conforme avançamos pelas fileiras. A construção de Jennifer foi consideravelmente mais avançada do que sua tabela anterior, a qual não refletia a passagem do tempo *nem* um aumento nas quantidades (de dinheiro).

Em contraste com sua tabela anterior, na qual ela mostrava apenas os dias e as quantidades ganhas a cada dia, mas não as quantidades cumulativas de cada criança, dessa vez a tabela de Jennifer forneceu uma notação muito clara do problema à medida que as quantidades de bolas de gude mudavam. Como pode ser visto na Figura 6.11, ela agora utilizou uma variável (N) para representar a quantidade inicial – desconhecida. Depois disso, ela só precisou mostrar quantas bolas de gude foram ganhas ou perdidas a partir dessa quantidade inicial N. Ademais, para terça-feira, ela representou apenas o número total de bolas de gude ganhas ou perdidas em uma única etapa. Ela sabia que N + 2 representava a quantidade total de bolas de gude que Mary teria na terça-feira se tivesse ganhado cinco na segunda-feira e perdido três na terça-feira.

Depois de Jennifer ter feito sua tabela, eu perguntei o que ela achava de sua construção comparada à que lembrava ter feito no ano anterior.

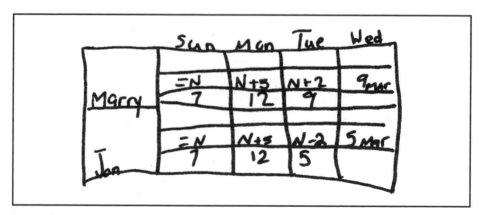

Figura 6.11
A tabela de Jennifer na 3ª série.

Desenvolvimento matemático na criança **95**

Jennifer: Está melhor.
Bárbara: Está melhor? Por quê?
Jennifer: Porque eu não me atrapalhei. Quer dizer, me atrapalhei um pouco, mas esta é uma tabela matemática de verdade.

Explorando o que ela queria dizer com "uma tabela matemática de verdade", ouvimos sua explicação:

Jennifer: É assim (apontando para a Figura 6.11). A outra tabela que eu desenhei da última vez parecia uma mesa e desenhei dólares em cima dela... Esta tabela mostra como eles fizeram, isto é, mostra quanto eles têm e podemos comparar... Assim, os dois têm sete, os dois têm doze e, depois, ela tem quatro mais.
Bárbara: OK. Então, para o que você acha que as tabelas são usadas na matemática?
Jennifer: Para comparar... Nós podemos usá-las para comparar e podemos usá-las para fazer matemática.

Mesmo que nenhuma "instrução direta" relativa à maneira convencional de construir tabelas tenha sido dada à Jennifer e a seus colegas, sua abordagem mudou drasticamente em um ano. Claro, ela teve múltiplas experiências em que tabelas foram usadas de diferentes formas durante aquele ano. Entretanto, da 2ª até a 3ª série, Jennifer não só avançou em sua maneira de construir uma tabela, como também desenvolveu uma metacompreensão do porquê de ela ser usada. Sua explicação final, na verdade, se relaciona aos dois usos que Sara deu às suas notações para frações no Capítulo 5: mostrar sua solução para um problema (o que Jennifer quis dizer com a palavra "comparar"); além disso, ter uma ajuda para resolver o problema (o que Jennifer quis dizer com "fazer matemática").

REFLEXÕES

Nós levamos muito a sério a pergunta formulada há mais de dez anos por Kaput (1991) e já apresentada no Capítulo 5: "Como as notações materiais e as construções mentais interagem para produzir novas construções?" (p. 55). Embora não acreditemos poder responder a essa pergunta conclusivamente com base nos dados aqui apresentados, podemos indicar a grande necessidade de se examinar melhor e com mais profundidade a construção das tabelas de dados criadas pelas crianças. Ao entender melhor tanto como as suas tabelas evoluem quanto a compreensão de relações aditivas refletido em suas notações, poderemos ser melhores professores e planejadores de programa para os nossos alunos. Nós começamos a descobrir alguns dos seus significados sobre relações aditivas, conforme refletidos em suas notações. Mas é preciso examinar melhor a interação entre as suas próprias construções e as tabelas convencionais com o desenvolvimento de suas compreensões sobre relações aditivas.

Ainda que suas experiências com tabelas de dados sejam poucas, as crianças de 2ª e 3ª séries com as quais trabalhamos desenvolveram notações tabulares muito sofisticadas dos dados apresentados em um problema que focaliza a progressão do dinheiro ganho ao longo do tempo. Elas constroem tabelas de dados que fazem sentido e revelam o funcionamento de sua lógica a respeito do problema em questão, e elas organizam e representam adequadamente a situação-problema. É interessante perceber que as crianças incorporam em suas notações características convencionais das tabelas de dados. Mais de metade das crianças que entrevistamos escolheram, para as colunas e fileiras, as variáveis de tempo e nomes. Além disso, informações como mostrar os nomes das crianças parecem ser relevantes para os alunos quando eles constroem essas tabelas, o que é consistente com a sugestão de Schwartz (1988, 1996) em relação à importância de se ter referentes para as quantidades. As tabelas de dados também parecem ajudar a desvendar as concepções e as compreensões das crianças sobre as relações aditivas.

7

Jennifer, Nathan e Jeffrey: relações entre diferentes notações matemáticas

> Bárbara: Mas o que você acha que isto [o cruzamento das linhas]
> significa? Olhe para as linhas. Por que elas se cruzam lá?...
> Onde elas se cruzam?
> Nathan: Em... catorze e sete. Catorze e sete.
> Bárbara (corrigindo): Em sete, catorze.
> Jennifer (olhando para a sua folha de papel e apontando para as
> suas notações de vetor e linha de números): Foi isso o que eu
> disse [antes]!

E ste capítulo focaliza as interações entre diferentes tipos de notações e as compreensões que as crianças desenvolvem em consequência de fazer notações para os problemas de variadas maneiras. Recentemente, o NCTM (2000) reconheceu a importância de se "traduzir" ou estabelecer relações entre múltiplas notações:

> Diferentes representações, em geral, iluminam diferentes aspectos de um conceito ou de uma relação complexa... Portanto, a fim de compreender profundamente um conceito matemático específico – e muitos outros conceitos na matemática escolar – os alunos precisarão de uma variedade de representações que apoiem a sua compreensão. (p. 68)

O trabalho de Jeanne Bamberger (1990) na área das notações musicais também estimula o uso de múltiplas notações por meio de classificação por "diferenças e semelhanças que surgem conforme os alunos avançam nos dados, nas modalidades sensoriais e nos tipos de descrições" (p. 39). Especificamente, neste capítulo, focalizarei o "*valor produtivo*", conforme Bamberger o descreve, de se estabelecer relações entre diferentes tipos de notações matemáticas. De acordo com Bamberger (1990), o estabelecimento dessas relações contém um potencial imanente e pode resultar em transformações críticas na compreensão da criança das expressões simbólicas. Ela descreveu as relações que a pessoa pode estabelecer entre diferentes "expressões simbólicas" e discu-

98 Bárbara M. Brizuela

tiu a comparação ativa de notações feitas por diferentes pessoas. Esse processo posterior de comparação, explica ela, pode nos ajudar a compreender melhor não só o que percebemos, como também o que não percebemos, mas que os outros acharam significativo (Bamberger e Ziporyn, 1992).

Na área da educação matemática, Judah Schwartz também focalizou a importância de se oferecer aos alunos múltiplas possibilidades e maneiras de representar tipos de notações. Schwartz dá muita importância à capacidade dos alunos de usarem tipos diferentes de notações – como linguagem simbólica, linguagem numérica, linguagem gráfica e linguagem natural – com bastante agilidade (Schwartz e Yerushalmy, 1995).

Ainda na área da educação matemática, Goldin salientou recentemente a importância do que ele chama de construção de "relações entre representações":

> O pensamento matemático efetivo envolve a compreensão das relações entre diferentes representações do "mesmo" conceito e das semelhanças (e diferenças) estruturais entre sistemas representacionais. Isto é, o aluno precisa desenvolver representações internas adequadas para interagir com vários sistemas. (Goldin e Shteingold, 2001, p. 9)

Considerando-se a pesquisa e a literatura passadas, surgem pelo menos três perguntas referentes às relações entre notações múltiplas:

1. O que se ganha quando as crianças conseguem estabelecer relações entre diferentes tipos de notações?
2. Qual é o impacto do estabelecimento dessas relações?
3. Como a notação da criança relaciona-se às notações propostas pelos outros?

Para responder a essas perguntas, vamos recorrer ao exemplo que será o foco deste capítulo, o de Jennifer, Nathan e Jeffrey trabalhando no problema do *Melhor Negócio*.

DETALHES DO ESTUDO

Os dados que relatarei neste capítulo foram retirados do trabalho com os alunos de 3ª série descritos no Capítulo 6. Eu me concentrarei em uma entrevista específica realizada com três alunos de 3ª série, no final do ano escolar, em junho*. Nós estávamos trabalhando com essas crianças desde meados de sua segunda série. Decidimos realizar entrevistas em grupo no final de seu ano letivo como uma maneira de documentar e avaliar progressos e dificuldades, e o efeito do nosso trabalho sobre a turma. Escolhemos um misto de alunos para cada grupo entrevistado e consultamos a professora de sala de aula em relação

---

* N. de R.T. No Brasil o final do ano escolar é em dezembro. Nos Estados Unidos e na Europa o final do ano escolar é junho.

à composição dos grupos a serem entrevistados. Em cada grupo, buscávamos uma diversidade de maneiras de pensar e de níveis de desempenho em matemática. As entrevistas tinham um componente de pesquisa e de ensino – ao realizar essa entrevista específica, fui tanto pesquisadora quanto professora. Eu estava interessada em investigar o pensamento das crianças sobre o problema, mas, durante toda a entrevista, também dei a elas algumas orientações e sugestões, desejando levá-las a uma determinada direção e, ao mesmo tempo, investigar o que as crianças fariam com minhas sugestões específicas (veja Duckworth, 1996, para um depoimento sobre a intersecção entre pesquisa e ensino).

Jennifer, Nathan e Jeffrey eram colegas da mesma turma de 3ª série, mas não haviam sido colegas na 2ª. Eu fui sua professora de matemática em 16 aulas, uma por semana, e também entrevistei as crianças. Jennifer, caso que discutimos no Capítulo 6, era uma criança muito ativa e participante nas aulas de matemática. Seus pais eram originários do Brasil. Embora suas respostas aos problemas e às perguntas nem sempre estivessem certas, ela tinha uma maneira de verbalizar seus processos de pensamento e de representar problemas que era muito útil em discussões com o grupo todo. Nathan, uma das poucas crianças de origem inglesa na turma, também era um membro muito ativo. Com frequência, suas respostas não acertavam o alvo, e ele lutava com alguns dos conteúdos matemáticos apresentados na turma. Dos três, Jeffrey era o aluno mais quieto. De origem latina, ele normalmente só participava se estivesse seguro da sua resposta. Suas intervenções, na maioria das vezes, estavam certas, mas, em geral, as professoras o percebiam como uma criança não muito inteligente, a qual não se saía muito bem na escola.

O PROBLEMA APRESENTADO ÀS CRIANÇAS

A Figura 7.1 mostra o problema apresentado às crianças. Ele era diferente dos problemas apresentados à turma até aquele momento, dado o fato de

---

Vamos fazer um negócio!

Raymond tem algum dinheiro.

Sua avó propõe-lhe dois negócios:
   Negócio 1: Ela vai duplicar o dinheiro dele.
   Negócio 2: Ela vai triplicar o dinheiro dele e depois tirar US$7.

Raymond quer escolher o melhor negócio. O que ele deve fazer?

Como você pode calcular e *mostrar a ele* o melhor a fazer?

Um dos negócios é *sempre* melhor? Mostre isso em uma folha de papel.

Figura 7.1
O problema apresentado aos alunos Jennifer, Nathan e Jeffrey.

100 Bárbara M. Brizuela

que era preciso considerar duas funções simultaneamente. Antes, só pedíramos que considerassem uma função linear de cada vez e nunca que as comparassem. Em termos das notações às quais eles haviam sido expostos e às quais se acostumaram em suas aulas conosco, esses alunos tinham usado regularmente retas numéricas, vetores, gráficos cartesianos de coordenadas e tabelas de função.

AS REAÇÕES DAS CRIANÇAS AO PROBLEMA

Imediatamente, Jennifer e Nathan disseram que preferiam o primeiro negócio, pois ele envolvia *duplicar* o dinheiro. Eles estavam preocupados com o segundo negócio, pois a avó iria *tirar* US$7. Eles me explicaram que não gostariam de estar em uma situação na qual o dinheiro seria *tirado* deles. Jeffrey concordou que Raymond deveria escolher o Negócio 1. Logo depois disso, todavia, Jennifer disse: "Antes de tudo, temos de descobrir quanto dinheiro ele tem." Portanto, ela estava reconhecendo que se sentia um pouco desconfortável, até certo ponto, com o fato de estarem lidando com uma quantidade desconhecida. Isso aconteceu mesmo tendo sido trabalhado por nós diferentes tipos de problemas envolvendo quantidades e variáveis desconhecidas, desde a 2ª série. Depois de perguntar como poderíamos descobrir quanto dinheiro Raymond tinha e de uma curta discussão entre os três, Nathan finalmente disse que não era capaz de calcular quanto dinheiro Raymond tinha no início:

> Nathan: Porque o problema nem ao menos diz. "Ela vai duplicar o dinheiro..." (parafraseando o enunciado do problema).
> Jennifer: Só diz que ele tem algum dinheiro.
> Nathan: *Algum* dinheiro.

Então, propus que eles tentassem inicialmente partindo de US$4 ("Vamos supor que ele tem US$4") e, depois, de US$5 ("Bem, digamos que ele tem US$5, OK?"). As crianças trabalharam com fichas, usando-as para representar o dinheiro que Raymond tinha no início e no final. Em ambos os casos, elas descobriram que o Negócio 1 era melhor. Jennifer disse: "Se você tem mais dinheiro e faz o Negócio 1, mais dinheiro você tem". Eu propus que tentássemos calcular se o Negócio 2 *alguma vez* poderia ser melhor do que o Negócio 1. Nathan propôs experimentar a situação em que Raymond começasse com US$8. Quando eles experimentaram essa situação, descobriram que o Negócio 2 era melhor. Dessa maneira, depois de dez minutos de entrevista, as crianças tinham calculado que, às vezes, o Negócio 1 era melhor, e outras vezes o Negócio 2 era melhor. Finalmente, elas experimentaram o que aconteceria se Raymond começasse com US$7. Elas se deram conta de que, se Raymond começasse com US$7, ambos os negócios eram iguais. Nesse momento, voltei à

Desenvolvimento matemático na criança **101**

pergunta original do problema sobre o que Raymond deveria fazer – qual negócio ele deveria escolher – e a seguinte conversa teve lugar, 15 minutos depois de começada a entrevista:

> Jeffrey: Talvez o Negócio 2. O Negócio 2, porque ele deu certo com oito.
> Bárbara: Deu certo com oito. Mas o que aconteceu com sete?
> Nathan: É igual.
> Jeffrey: Com sete, é igual.
> Bárbara: Então, de novo, eu vou perguntar a vocês. O que ele deve fazer?
> Jennifer: O Negócio 2.
> Nathan: O Negócio 2.
> Bárbara: Sempre?
> Jennifer: Não.
> Bárbara: Quando?
> Jennifer: Bem, primeiro, se a avó vai te fazer essas perguntas, se você quer o Negócio 1 ou o 2, primeiro você precisa descobrir qual é o melhor.
> Nathan: Dependendo de quanto dinheiro ele tem.
> Bárbara: Oh, vocês ouviram o que o Nathan disse? Dependendo de quanto dinheiro ele tem. Então, o que vocês diriam à sua avó? Se vocês fossem o Raymond, o que vocês diriam?
> Nathan: Se eu tivesse US$7, eu faria o Negócio 1, porque eu o duplicaria até catorze. Não, o [Negócio] 2, porque você só tiraria US$7. (Esta afirmação de Nathan revela que ele ainda está desconfortável com o fato de ter dinheiro *tirado* dele. Se tivesse escolha, mesmo já tendo reconhecido que com US$7 os Negócios 1 e 2 são iguais, ele ainda prefere o Negócio 1, em que nenhum dinheiro é tirado dele).
> Bárbara: Mas se você tem sete, então não faz diferença, faz?
> Jennifer: Nenhuma.
>
> ...
> Bárbara: Então você disse que...
> Jennifer: Se você tiver US$7 pode escolher qualquer um.
> Bárbara: E se você tiver menos de US$7?
> Nathan: Então, você tem de escolher o [Negócio] 1.
> Jennifer: O número 1.
> Bárbara: E quando você escolhe o [Negócio] 2?
> Nathan: Se você tiver catorze.
> Jeffrey: Oito.
>
> ...
> Bárbara: Se você tiver oito. Então, se você tiver...
> Jennifer: Então, se com sete é igual, é bem no meio (fazendo um gesto de meio do caminho com as mãos). E, se você tiver mais de sete, deve fazer o número 2 (mostrando com as mãos o lado direito

do ponto que marcava o meio do caminho designado por ela), e menos de sete deve fazer o número 1 (mostrando com as mãos o lado esquerdo do ponto médio original).

Esse primeiro gesto feito por Jennifer deu início à nossa discussão sobre as relações entre diferentes tipos de notação. O gesto de Jennifer espelhava quase exatamente a formação de uma reta numerada. É interessante observar que as retas numeradas tinham sido bastante usadas por nossa equipe de pesquisa em sua turma de 3ª série. A princípio, nós as apresentáramos como uma maneira de ampliar as fileiras de números "internas" ou mentais dos alunos que acabavam abruptamente em zero e não se estendiam aos números negativos. Nós também começamos a usar retas numéricas na turma como uma ferramenta para realizar cálculos. Além disso, introduzíramos o uso do que passamos a chamar de uma reta numerada com uma variável, em que o ponto zero era substituído por N, uma quantidade variável, e as posições variavam, à direita de N, de N + 1 a N + 2, N + 3, e assim por diante. À esquerda de N, as posições variavam de N − 1 a N − 2, N − 3, e assim por diante. Em sua turma de 3ª série, Jennifer era reconhecida como a usuária mais ávida da reta numérica. Mesmo quando nós, como professores e pesquisadores, supusemos que o assunto da reta numerada tinha sido totalmente "tratado", Jennifer foi capaz de usar a reta numerada de forma consistente e efetiva como uma ferramenta para criar notações e resolver problemas que lhe foram apresentados, incluindo aqueles relativos a alturas que, em nossa opinião, as crianças teriam dificuldade para notar de modo horizontal, em vez de vertical. Jennifer, portanto, internalizara em tal extensão, o que fora originalmente uma notação externa e convencional, apresentada pela professora, que isso se tornara uma ferramenta matemática para ela. O gesto de Jennifer revelou, mais uma vez, a extensão em que ela incorporara esse tipo de notação à sua compreensão da matemática.

O gesto de Jennifer envolvia uma primeira relação importante: entre um significado conceitual do problema e um gesto corporal. De fato, pesquisas recentes mostram como os gestos *corporificam* e representam significados conceituais (veja Roth, 2001, para uma recente revisão das pesquisas sobre gestos). Jennifer está representando, por meio de seu corpo, sua compreensão do problema.

Depois que Jennifer apresentou ao grupo esse resumo da sua compreensão do problema, perguntei às crianças se havia uma maneira de mostrar, em suas folhas de papel, qual era o melhor negócio. A *relação* inicial de Jennifer fora entre sua compreensão conceitual e seu uso da linguagem oral e, depois, de um gesto corporal. Agora, eu estava pedindo a eles um novo tipo de relação: entre sua compreensão conceitual e uma notação externa com lápis e papel. A linguagem oral continuava uma etapa intermediária possível para as crianças. Entretanto, forçá-las a utilizar notações externas, usando lápis e papel, foi uma manobra didática que esclareceu, mais uma vez, as distinções vagas entre a pesquisa e o ensino (veja Duckworth, 1996).

AS NOTAÇÕES DAS CRIANÇAS

Jennifer foi a primeira a tentar uma notação para o problema. A Figura 7.2 mostra sua reta numérica e suas notações de vetor iniciais. Jennifer parecia espelhar seu gesto corporal em sua notação de vetor: ela assinalou o 7 como o ponto médio e depois se concentrou no que acontecia antes e depois do 7. Em ambas as notações, a do vetor e a da reta numérica, ela assinalou que o 7 estava "bem no meio", enfatizando na notação da reta numérica que era no 7 que ambos os negócios eram iguais – escreveu um sinal de igual acima do 7. Ela também usou a linguagem natural (veja o canto superior à direita da figura) para expressar uma compreensão similar do problema: "O Negócio 1 quando abaixo de 7, e o Negócio 2 acima de 7. Quando 7 qualquer um". Conforme mencionado, tanto a notação de vetor quanto a da reta numérica tinham sido apresentadas em sala de aula. Todavia, as instruções dadas à Jennifer nesse problema não sugeriam o uso dessas notações específicas. Portanto, podemos supor que tanto os vetores quanto as retas numéricas haviam se tornado parte de seu repertório expressivo, em tal extensão, que ela foi capaz de usá-los espontaneamente para representar seus significados conceituais. Isso ressalta

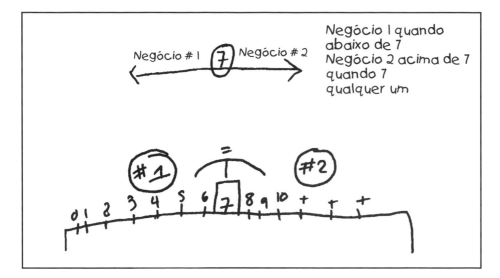

Figura 7.2
As representações iniciais de Jennifer de vetor e reta numérica.

a complexidade inerente às relações estabelecidas entre diferentes notações: uma notação inicial convencional foi assimilada em tal extensão por Jennifer, que se transformou em uma representação interna ou mental. Esse processo em Jennifer parece refletir a posição de Goldin sobre o que ele chama de perspectiva representacional, contrastando com as abordagens comportamentalista e construtivista. Essa perspectiva representacional

> envolve um foco explícito tanto no externo como no interno, com a máxima atenção dada à interação entre eles. O sistema de representação interna dos alunos desenvolve-se pela interação com representações externas estruturadas no ambiente de aprendizagem. Os alunos, então, são capazes de gerar novas representações externas. (Goldin & Shteingold, 2001, p. 8)

Nathan e Jeffrey seguiram o exemplo de Jennifer. Nathan também adotou as notações de vetor e reta numérica (veja a Figura 7.3). Em certo sentido, podemos dizer que ele "copiou" de Jennifer. No entanto, conforme demonstramos antes (veja o caso de Joey no Capítulo 6, por exemplo; veja também Ferreiro e Teberosky, 1979, para uma análise semelhante na área da linguagem escrita), copiar não é uma mera transcrição, mas mostra tipos similares de transformações, como as envolvidas no transformar a fala em linguagem escrita, por exemplo (veja Olson, 1994).

Nathan não incluiu um sinal de igual e não escreveu os números na reta numérica acima de 13. Ele escreveu apenas uma série de sinais de mais. Nós poderíamos perguntar ou conjecturar se Nathan e Jeffrey também tiveram de estabelecer uma relação entre o gesto corporal de Jennifer e sua notação com as notações deles. Ou será que eles estabeleceram uma relação entre suas compreensões conceituais e suas notações? (As semelhanças entre suas notações e

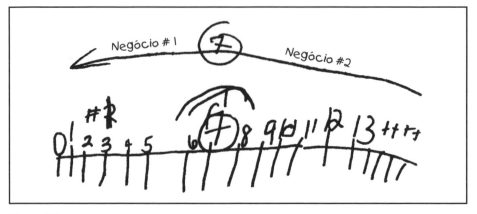

Figura 7.3
Representações iniciais de Nathan de vetor e reta numérica.

as de Jennifer torna mais provável que as notações de Jennifer tenham mediado os significados conceituais e as primeiras notações deles.) Ou será que eles estabeleceram uma relação entre a explicação oral de Jennifer ou suas próprias explicações orais e, finalmente, com suas notações?

Jeffrey seguiu o exemplo com uma notação que, apesar de tomar emprestada a ideia de Jennifer, era ainda mais esquemática – ela só mostrava as informações essenciais para permitir a compreensão das conexões entre o problema e a notação (Figura 7.4). Mais uma vez, ele também mostrou antes e depois de 7.

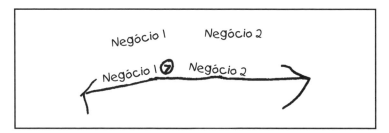

Figura 7.4
A representação inicial de Jeffrey de vetor.

Essas notações iniciais, utilizando retas numéricas e vetores, foram, conforme mencionamos antes, as relações iniciais que Jennifer, Nathan e Jeffrey estabeleceram entre significados conceituais e notações. Elas representavam, quase de maneira espelhada, as compreensões e as explicações que as crianças tinham verbalizado antes na entrevista, supondo-se que as explicações verbais são outra maneira de representar essa compreensão conceitual. Querendo fazê-las ir adiante e depois verificar que as crianças não eram capazes de pensar espontaneamente em outras maneiras de entender o problema, propus que elas criassem tabelas e gráficos (entendidos por nós como gráficos de coordenadas cartesianas) para mostrar o que estava acontecendo no problema. As crianças tinham usado tabelas e gráficos de função em suas aulas conosco. De fato, elas haviam feito seus próprios gráficos e interpretado gráficos e tabelas que lhes apresentáramos nas aulas. Assim que fiz essa sugestão, cada uma das crianças pegou um lápis e começou a trabalhar. Jennifer decidiu fazer um gráfico, e Nathan e Jeffrey preferiram tabelas. Aqui não falarei muito sobre as relações que poderiam existir entre significados conceituais e notações. Em vez disso, descreverei primeiro suas notações e depois as relações entre notações diferentes.

A Figura 7.5 mostra como Jennifer organiza seu gráfico cartesiano. Jennifer começou confiantemente traçando os dois eixos e numerando cada um. Depois, ela enfrentou o dilema de decidir quais variáveis escolher para cada eixo. Quando ela sugeriu usar o Negócio 1 para o eixo x e o Negócio 2 para o eixo y,

106 Bárbara M. Brizuela

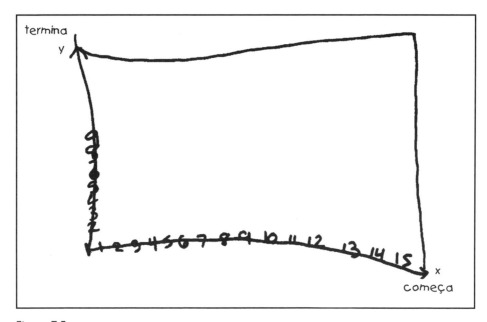

Figura 7.5
Organização inicial do gráfico cartesiano de Jennifer.

sugeri que ela usasse a quantidade inicial de dinheiro de Raymond para o eixo x e a quantidade final de dinheiro de Raymond para o eixo y. Essa foi uma decisão pedagógica que tomei naquele momento, pois estava interessada em estimular uma conversa sobre conexões e semelhanças/diferenças entre as informações apresentadas nas tabelas e as apresentadas nos gráficos. Achava que a proposta de Jennifer para seu gráfico não levaria à discussão que eu desejava.

Por fim, Jennifer passou para a folha grande de papel a fim de mostrar as duas funções lineares no gráfico cartesiano. Mais uma vez, esperava que o uso do papel grande facilitasse o tipo de discussão que desejava durante a entrevista. Essa foi outra decisão pedagógica que tomei, salientando novamente as conexões entre pesquisa e ensino na entrevista (veja Duckworth, 1996).

Jeffrey e Nathan trabalharam em suas tabelas lado a lado, às vezes consultando um ao outro, mas, sobretudo, afirmando que cada um estava "fazendo sua própria coisa". A tabela de Jeffrey (veja a Figura 7.6) foi criada de modo convencional, com a primeira coluna mostrando a quantidade de dinheiro com que Raymond começava, e a segunda e a terceira colunas, a quantidade de dinheiro com a qual ele terminaria se escolhesse o Negócio 1 ou o Negócio 2, respectivamente. Em sua tabela, é interessante notar como Jeffrey acrescentou

Desenvolvimento matemático na criança

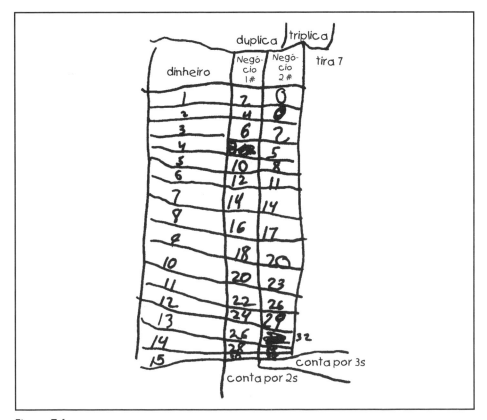

Figura 7.6
A tabela de Jeffrey.

descrições do que ele fez para conseguir as respostas das quais precisava em cada coluna (isto é, "conta por 2s", "conta por 3s").

A tabela de Nathan, criada no mesmo momento da de Jeffrey, foi organizada de maneira bem diferente (veja a Figura 7.7). Em primeiro lugar, a tabela de Nathan era menos convencional do que a de Jeffrey. Em cada fileira, Nathan experimentou uma quantidade diferente de dinheiro, sem a exaustão sistemática das diferentes quantidades de dinheiro que Jeffrey colocou em sua tabela, conforme descia de fileira para fileira. Em segundo lugar, Nathan precisou deixar *explícitas* em sua tabela informações que Jeffrey supôs estarem *implícitas* (veja o Capítulo 6 para uma apresentação de informações implícitas e explícitas): enquanto Nathan acrescentou uma terceira coluna para esclarecer qual seria o melhor negócio para aquela quantidade de dinheiro, essa informação ficou implícita na tabela de Jeffrey, na qual podemos comparar cada fileira e os resultados obtidos nas segunda e terceira colunas para obter as mesmas informações.

108 Bárbara M. Brizuela

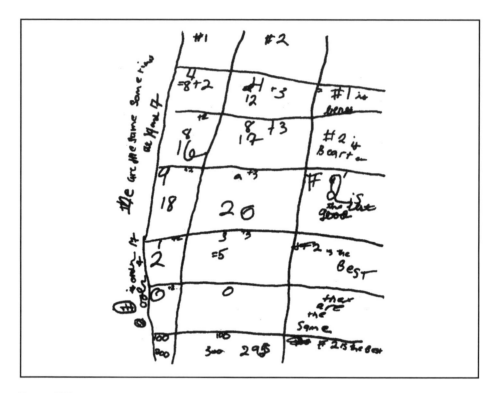

Figura 7.7
A tabela de Nathan.

AS CRIANÇAS INTERPRETAM O GRÁFICO DE JENNIFER

Quando as crianças terminaram suas notações, pedi que se reunissem e tentassem, inicialmente, interpretar o gráfico criado por Jennifer. Em tal processo, três momentos merecem ser destacados em termos das relações desenvolvidas. No primeiro, Jennifer descobriu uma conexão entre seu gráfico e suas notações iniciais de vetor e reta numérica. No segundo, Jeffrey utilizou a sua tabela, espontânea e metodicamente, para tentar entender semelhanças e diferenças entre a história contada na tabela e a contada no gráfico.

Jennifer percebe o cruzamento das linhas em sua notação de vetor

O foco inicial da nossa conversa foi o que cada linha do gráfico representava – isto é, qual era o Negócio 1 e qual era o Negócio 2. Depois que isso foi

Desenvolvimento matemático na criança **109**

esclarecido – rapidamente – a discussão passou a tratar do que o cruzamento das linhas significaria. Esta foi a conversa que aconteceu:

Bárbara: Mas o que vocês acham que significa [o cruzamento das linhas]? Olhem para as linhas. Por que elas estão se cruzando aqui? Onde elas se cruzam?

Nathan: Em... catorze e sete. Catorze e sete.

Bárbara (corrigindo): Em sete, catorze.

Jennifer (olhando para o papel e apontando para as suas notações de vetor e linha de números): Foi o que eu disse [antes]!

Bárbara: (dirigindo-se à Jennifer): Por que você acha que elas se cruzam neste ponto e não em algum outro ponto? Por que você... O que você acha? Jennifer, você tem alguma ideia? Por que as linhas se cruzam em sete, e não em oito, ou em nove, ou em dez? Por quê?

Jennifer (agarrando uma caneta e fazendo um sinal de igual no gráfico, exatamente sobre o ponto onde as duas linhas se cruzam): Eles são iguais. Quando você faz o Negócio 1 e o Negócio 2, eles são iguais um ao outro.

Embora Jennifer não tivesse percebido inicialmente que já havia respondido, de uma maneira diferente, por meio de suas notações, utilizando reta numérica e vetores, à pergunta que eu fizera ("Por que as duas linhas se cruzam em sete?"), quando ela foi capaz de perceber que 7 era o número de corte em suas notações com vetores e retas numéricas, e o ponto de cruzamento no gráfico, ela percebeu a conexão entre as duas notações: "Foi o que eu disse!". Nós também podemos conjecturar que ela acrescentou uma terceira notação ao colocar o sinal de igual acima do ponto de cruzamento em seu gráfico. Dado o fato de ela só ter verbalizado sua compreensão e acrescentado esse sinal de igual *depois* de ter percebido a conexão entre o gráfico e suas notações iniciais, nós também podermos conjecturar que as relações estabelecidas entre as diferentes notações – gráfico, vetor e reta numérica – ajudaram-na a fazer essa conexão. Adicionalmente, ela só expressou a sua compreensão referente ao cruzamento das linhas *depois* que essa relação foi estabelecida – assim, nós também podemos conjecturar que as relações ajudaram-na a compreender a própria notação do gráfico. Isto é, conforme Bamberger (1990) diria, o desenvolvimento da relação teve um "valor produtivo" ao facilitar sua compreensão do gráfico cartesiano de coordenadas. Quanto ao tipo de impacto que o estabelecimento dessas relações teve sobre Jennifer, podemos dizer que a sua compreensão de cada um dos sistemas de notação – reta numérica, vetor e gráfico cartesiano – passou a um nível um pouco mais complexo quando ela percebeu as conexões e as semelhanças existentes entre eles. Ademais, sua compreensão do problema em si e do dilema de Raymond aumentou em função das relações que ela estabeleceu entre as notações.

JEFFREY UTILIZA SUA TABELA PARA COMPREENDER O GRÁFICO

A primeira conexão que Jeffrey estabeleceu entre sua tabela e o gráfico foi referente ao cruzamento das linhas. Quando Jennifer propôs a explicação precedente para o cruzamento das linhas, observei que Jeffrey estava olhando atentamente para a sua tabela (veja a Figura 7.6). Perguntei à Jeffrey:

> Bárbara: Você ouviu isso, Jeffrey? Jennifer acha que elas se cruzam em sete porque sete é onde os negócios são iguais. Isso soa bem? (Jeffrey continua verificando sua tabela). Você teve a mesma resposta na sua tabela? (Jeffrey concorda com um gesto de cabeça e aponta para a sétima fileira em sua tabela).
> Jeffrey: Catorze, catorze.
> Bárbara: Catorze, catorze.

Em certo sentido, parecia que Jeffrey estava usando a sua tabela para *corroborar* a avaliação de Jennifer. As linhas do gráfico de Jennifer cruzavam-se em 7 e 14, e a tabela dele tinha uma fileira mostrando 7-14-14.

A segunda conexão que Jeffrey estabeleceu entre a tabela e o gráfico referia-se aos padrões das linhas antes e depois do ponto de cruzamento. Dessa vez, Jeffrey usou a sua tabela não como um instrumento para *corroborar* as informações que estava obtendo do gráfico e que Jennifer estava resumindo, mas como um *instrumento para compreender* o que realmente estava acontecendo no gráfico:

> Bárbara: Olhe para o gráfico. O que está acontecendo nele? O que está acontecendo, olhe para o que acontece antes do sete e depois do sete. Você vê o que acontece, Jeffrey?
> Jeffrey: (Olhando atentamente para a sua tabela e olhando para o gráfico; seu olhar vai e vem entre a tabela e o gráfico.)
> Bárbara: O que você está tentando entender? O que você está tentando entender?
> Jeffrey: Uau! (Enfática e entusiasticamente.) Depois desta metade (fazendo um movimento amplo, de abrangência, acima da intersecção do 7 e 14), o Negócio 2 é melhor. E aqui o Negócio 2 [*sic*] é melhor (fazendo um movimento amplo, de abrangência, abaixo da intersecção de 7 e 14).
> Bárbara: O Negócio 1, você quer dizer.
> Jeffrey: O Negócio 1.
> Bárbara: Então, Jeff, por quê? Então você está dizendo que aqui o Negócio 1 é melhor (mudando o que Jeffrey estava dizendo, eu fiz um movimento amplo, de abrangência, para a esquerda da

Desenvolvimento matemático na criança **111**

intersecção de 7 e 14), e aqui o Negócio 2 é melhor (fazendo o mesmo movimento para a direita da intersecção de 7 e 14). É isto o que você está dizendo? (Depois desenhando uma linha vertical – dividindo as partes esquerda e direita do gráfico, ou antes do 7 e depois do 7 no eixo x – que atravessava o ponto de intersecção em 7 e 14).

Jeffrey: Sim. Depois desta linha (insistindo na linha horizontal que atravessa o ponto de intersecção e divide o gráfico em acima e abaixo ou antes e depois do 14 no eixo y).

Bárbara: Qual linha? (Jeffrey faz, com um gesto, uma linha horizontal passando por 7 e 14). Oh, devo desenhar uma [linha] aqui, também? Você (dirigindo-se à Jennifer) quer desenhá-la? (Jennifer desenha uma linha horizontal que atravessa a intersecção de 7 e 14, concentrando-se na interpretação que Jeffrey fazia do gráfico.)

Depois de examinar atentamente a sua tabela e continuar olhando para a tabela e o gráfico em um movimento de cabeça de vaivém, Jeffrey foi capaz de dar uma interpretação ao gráfico que, nós imaginamos, ele não teria sido capaz de dar se não tivesse a sua tabela (por isso a sua exclamação de "Uau!" depois de descobrir uma conexão entre sua tabela e o gráfico). Primeiramente, a sua tabela foi uma *comprovação* e, depois, um *instrumento para compreender* o gráfico. Em ambos os casos, as relações entre os dois ajudaram no entendimento de uma notação, assim como do dilema de Raymond apresentado no problema.

Semelhanças e diferenças entre as histórias contadas na tabela e no gráfico

Finalmente, eu própria sugeri que buscássemos semelhanças e diferenças entre o gráfico de Jennifer e as tabelas de Nathan e Jeffrey, focalizando especificamente, nesse momento, a tabela de Jeffrey, dado que essa era a inclinação natural das crianças:

Bárbara: Então, Jeffrey, a sua tabela... deixe Nathan e Jennifer olharem a sua tabela. Nathan e Jennifer, olhando a tabela de Jeffrey, vocês conseguem perceber onde os Negócios são iguais? Olhem para a tabela dele. Vocês, conseguem perceber onde o Negócio 1 e o Negócio 2 são iguais?

Nathan: Bem aqui (apontando para a sétima fileira na tabela de Jeffrey.)

Bárbara: Onde eles são iguais?

Nathan: Sete.

112 Bárbara M. Brizuela

Bárbara: Como você sabe que eles são iguais?

Jennifer: Isto é a mesma coisa (apontando para a sétima fileira na tabela de Jeffrey e para o ponto de intersecção no gráfico). Isto [a tabela] é a folha de resposta para isto [o gráfico].

Bárbara: Você sabe por quê? Jennifer, você pode olhar para a tabela [de Jeffrey] e nos dizer? Você lembra como estava usando esse gráfico para entender qual era o melhor Negócio e quando? Você pode usar a tabela para saber a mesma coisa? Jeffrey e Nathan, vocês podem olhar para a tabela de Jeffrey e fazer o mesmo que fizeram com o gráfico de Jennifer? Olhem para a tabela.

Então aconteceu uma conversa sobre qual linha era o Negócio 1 e qual era o Negócio 2 no gráfico:

Bárbara: Onde [no gráfico] o negócio é igual?

Jennifer: Sete.

Bárbara: Como você sabe?

Jennifer: Catorze, catorze.

Bárbara: Então catorze, catorze, então é igual. Quando o Negócio 1 é melhor? Olhem para a tabela, e não para o gráfico. Quando ele é melhor?

Jeffrey: Nos números menores.

Bárbara: Menores de quê?

Jeffrey: Menores do que os números grandes.

Bárbara (esclarecendo): Menores de sete. Abaixo de sete o Negócio 1 é melhor. Vocês acham que isso é mostrado na tabela?

Jennifer: Sim.

Bárbara: Como? Olhem para a tabela. Como vocês podem saber que quando é menos de sete o Negócio 1 é melhor? Como vocês podem saber?

Jennifer: Por que os números são maiores?

Bárbara: Para qual negócio?

Todos: O Negócio 1.

Jeffrey: O Negócio 1 só funciona para os números menores, e o Negócio 2 funciona para os números grandes até aqui [sic] (apontando para a parte inferior da tabela, para os números acima de 7).

Bárbara: Acima de...?

Todos: Acima de sete.

Jennifer explicou que a tabela de Jeffrey era a "folha de resposta" para se entender o que estava acontecendo no gráfico construído por ela. Dessa maneira, Jennifer estava expressando como a tabela estava ajudando-a a compreender o gráfico (mesmo sendo o gráfico uma criação dela!). Mais uma vez, como no

Desenvolvimento matemático na criança **113**

caso de Jeffrey na seção anterior, descobrimos que estabelecer relações entre notações pode ser uma *ferramenta para se compreender* uma determinada notação. Para Jennifer, ter sido capaz de entender o que estava acontecendo no gráfico não significava, automaticamente, que ela era capaz de entender o que estava acontecendo na tabela. O mesmo vale para a situação inversa: o fato de ela ter compreendido o que estava acontecendo na tabela tornou-se uma oportunidade de reinterpretar o gráfico que ela já havia interpretado anteriormente. É digno de nota as crianças terem escolhido, de modo espontâneo, a tabela construída por Jeffrey como oposta à de Nathan quando comparavam gráficos e tabelas. Uma explicação possível para isso é que a organização de dados e a tabela de Jeffrey facilitaram a comparação entre gráfico e tabela. Novamente, o impacto do estabelecimento de relações entre notações pode ser visto na profundidade das compreensões que as crianças foram capazes de desenvolver com referência ao problema e aos sistemas de notação.

REFLEXÕES

Conforme mencionamos antes, tanto no trabalho de Bamberger (1990) como no de Goldin (Goldin e Shteingold, 2001), está ressaltada a importância do estabelecimento de relações entre notações. Essas relações possuem diferentes "valores produtivos" (Bamberger, 1990). Por exemplo, como vimos na entrevista apresentada neste capítulo, as relações permitem que os alunos, como Jeffrey, *comprovem* sua compreensão do problema, um significado resultante da interação com uma das notações e com a explicação oferecida por um colega. No caso de Jeffrey, olhar para o gráfico confirmou que sete era um ponto de corte que ele tinha originalmente observado em sua tabela. Além disso, as relações tornaram-se um instrumento para ele compreender diferentes notações. De fato, as interpretações iniciais desenvolvidas em separado, sem o estabelecimento de nenhuma relação, pareceram ser transformadas em resultado das relações estabelecidas entre as diferentes notações. Isso foi ilustrado por Jennifer e Jeffrey. Nós podemos argumentar que o desafio inicial enfrentado por Jennifer, Nathan e Jeffrey foi o de estabelecer relações entre seus primeiros significados conceituais do problema – significados obtidos por reflexão e pela manipulação de objetos – e uma notação simbólica dessa compreensão no papel. Conforme aprendemos com David Olson (1994) com referência às relações entre linguagem oral e escrita, essa relação não é absolutamente automática. De fato, ela envolve transformações complexas e profundas das compreensões iniciais, o que desmistifica a ideia de que estabelecer essas relações é um simples processo de espelhamento.

Embora, a essa altura, só possamos especular sobre o potencial impacto que as relações tiveram sobre os significados *conceituais* de Jennifer, Nathan e Jeffrey sobre as funções lineares, podemos falar sobre o impacto que a relação

114 Bárbara M. Brizuela

teve sobre suas compreensões das diferentes notações, assim como do problema do *Melhor Negócio*. Ademais, essa entrevista com eles ilumina e ilustra as sugestões propostas pelo NCTM (2000):

> Diferentes representações geralmente iluminam diferentes aspectos de um conceito ou relação complexa... Portanto, a fim de compreender profundamente um conceito matemático específico – e muitos outros conceitos na matemática escolar – os alunos precisarão de uma variedade de representações que apoiem a sua compreensão. (p. 68)

8

Reflexões finais

Será que as notações expressam apenas o que as pessoas compreendem ou elas também influenciam o pensamento e o raciocínio? De acordo com Cobb (2000), o uso de símbolos é fundamental para as pessoas serem capazes de entender e usar conceitos matemáticos. Simbolizar é uma parte essencial da atividade matemática. Além disso, a relação entre notações e conceitos é interativa: compreender as conexões entre eles enriquece tanto as notações quanto os conceitos. Conforme Cobb (2000) explica: "A maneira pela qual os símbolos são usados e os significados que eles passam a ter são mutuamente constitutivos e surgem juntos" (p.18). Como Lerner e Sadovsky (1994) demonstraram em seu trabalho, a aprendizagem de conceitos e de notações ocorre simultaneamente. No entanto, ainda existe uma difundida suposição na educação matemática fundamental de que as habilidades representacionais são secundárias ao significado conceitual. Nessa posição, perde-se a rica interação entre significado e notações. Conforme Nunes e Bryant (1996) lamentam:

> Muito mais atenção tem sido dada à lógica da matemática do que aos sistemas matemáticos convencionais por pessoas que realizam pesquisas sobre o desenvolvimento matemático. A relativa negligência dos sistemas convencionais é uma pena, porque o pouco que sabemos sugere que eles desempenham um papel importante no pensamento matemático das crianças. Em particular, existe uma relação bastante sutil entre o desenvolvimento lógico das crianças e seu conhecimento desses sistemas convencionais. Essa relação é tão importante que atualmente é impossível para nós compreender a conexão entre o desenvolvimento lógico e matemático sem também compreender como as crianças aprendem os sistemas matemáticos convencionais. (p. 244)

O foco na interação e nas conexões entre ambos pode apoiar e enriquecer o desenvolvimento matemático dos alunos. A posição de Nunes e Bryant (1996) é semelhante à proposta por Cobb (2000):

> A suposta relação reflexiva entre o uso de símbolos e o significado matemático implica que o uso que o aluno faz dos símbolos envolve algum tipo de significado, e que o desenvolvimento do significado envolve modificações em maneiras de simbolizar. Con-

116 Bárbara M. Brizuela

> siderados nesses termos, o ensino e o planejamento instrucional envolvem tentativas de apoiar o desenvolvimento das maneiras de simbolizar como parte do processo de apoiar o desenvolvimento do significado matemático. (p. 19)

Essa relação reflexiva e, ademais, uma visão das notações matemáticas como sendo *construídas* pelos aprendizes nem sempre foram aceitas. Por exemplo, em um artigo de 1993, Ball descreve sua experiência ao ensinar números negativos para uma turma de 3ª série. Mais para o fim do artigo, ela diz:

> As convenções matemáticas certamente não são uma questão de descoberta e reinvenção – por exemplo, como registramos números ou o que é um quadrado. Mas que 6 + (-6) é igual a zero, ou que um número par mais um número ímpar sempre será ímpar, ou que a probabilidade de tirar um sete com um dado padrão é de 6/36 são coisas que as crianças podem – por meio de conjecturas, explicações e discussões – criar. (p. 393)

Kamii, que, como Ball, argumentou também que as crianças constroem e criam ideias matemáticas, considera que alguns conhecimentos podem ser construídos, enquanto outros precisam ser transmitidos ou ensinados pela "instrução":

> As crianças literalmente reinventam a aritmética... [Piaget] argumentou que o conhecimento lógico-matemático é inventado individualmente, isto é, é construído no interior de cada criança. Ele não pode ser descoberto ou aprendido pela transmissão do ambiente, exceto no que se refere aos sinais matemáticos convencionais (como =) e ao sistema notacional, que constituem a parte mais superficial da aritmética. (1985, p. xii)

Neste mesmo sentido, ela também explica que "ao ouvir estas minhas afirmações, algumas pessoas concluem que eu quero que as crianças reinventem tudo na matemática, incluindo a álgebra. Penso que o papel da instrução aumenta à medida que as crianças crescem" (1989, p. 14). Isso ilustra o que considero uma separação artificial entre o conhecimento que *pode* e que *não pode* ser construído. Kamii, recentemente, revisou essa posição na 2ª edição do livro *Young Children Reinvent Arithmetic* (2000).* Nele, acrescentou um capítulo sobre representações, em que trata dos tipos de representação que as crianças fazem para conceitos numéricos incipientes. Ela focaliza as representações desenvolvidas de forma espontânea. Além disso, não incluiu nessa nova edição suas críticas mais duras a um foco nas representações como sendo "construídas".

Neste livro, vimos variados exemplos de crianças construindo notações matemáticas de diferentes tipos: o sistema numérico escrito (incluindo símbolos dentro do sistema, como sinais de pontuação, os quais vão além dos números como elementos do sistema) em George (Capítulo 2), Paula (Capítulo 3) e

---

* N. de R. Publicado em língua portuguesa pela Artmed Editora sob o título: *Crianças pequenas reinventam a aritmética*. 2. ed., 2002.

Desenvolvimento matemático na criança **117**

Thomas (Capítulo 4); frações em Sara (Capítulo 5); tabelas de dados, gráficos de coordenadas cartesianas, vetores, retas numéricas e linguagem natural em Jennifer, Nathan, Jeffrey e seus colegas (Capítulos 6 e 7). Além disso, os exemplos mostram que existe um *processo construtivo* envolvido na aprendizagem da criança de notações complexas, como tabelas de dados e gráficos, assim como símbolos aparentemente inconsequentes, como vírgulas e pontos. Nós também vimos como as notações e os significados conceituais interagem. Como exemplo, o uso de notações por parte de Sara para ajudá-la a pensar sobre as questões conceituais subjacentes aos problemas sobre frações (veja o Capítulo 5), e a abordagem de Jennifer, Nathan e Jeffrey ao problema do *Melhor Negócio* e a maneira de eles usarem tabelas de dados e gráficos para compreender um problema sobre duas funções (veja o Capítulo 7). Todas essas crianças estão usando as notações que criaram como ferramentas para compreender e resolver problemas.

A construção de notações não acontece em separado da construção de aspectos conceituais na matemática. Esses aspectos acontecem juntos. As notações desempenham um papel importante na aquisição de conceitos numéricos (Lerner e Sadovsky, 1994). Entretanto, quando pesquisas anteriores separam esses aspectos, elas tendem ou a ignorar os aspectos escritos ao dar aos aspectos conceituais um papel de protagonista principal ou a reduzir a aprendizagem de notações a um exercício perceptivo-motor. Vimos que aprender notações matemáticas tem como legado muito mais do que o desenvolvimento de habilidades perceptivo-motoras.

Ademais, os dados apresentados neste livro ilustram a rica e importante interação entre as notações inventadas pelas crianças e as notações convencionais que lhes são ensinadas e que as cercam por todos os lados. Conforme diSessa e seus colaboradores explicam, a interação entre as representações espontâneas e convencionais é importante: "As representações espontâneas utilizadas pelas crianças... estabelecem contexto significativo em que podem ser introduzidas representações *corretas*" (diSessa et al., 1991, p. 122). Ao focalizar a interação e as conexões entre ambas, é possível apoiar e enriquecer o desenvolvimento matemático dos alunos.

Os dois pontos principais explorados neste livro – que existe uma interação constante entre as notações matemáticas e os significados conceituais e que existe uma interação semelhante entre notações matemáticas inventadas e convencionais – perpassam todas as outras questões apresentadas. Nesse mesmo sentido, as conexões estabelecidas com a história das notações matemáticas permeiam todos os capítulos – as semelhanças entre os eventos na história das notações matemáticas e o desenvolvimento infantil de notações matemáticas salientam os tipos de dificuldade encontrados tanto pelos matemáticos da Antiguidade quanto pelas crianças contemporâneas. As crianças apresentadas nos Capítulos 2, 3 e 4 – George, Paula e Thomas – são vistas em sua aprendizagem inicial das notações matemáticas reunindo regras sobre como o sistema numérico funciona. Elas são vistas desenvolvendo não apenas significados so-

118 Bárbara M. Brizuela

bre os elementos que fazem parte do sistema, mas também compreensões sobre relações entre os elementos. As ideias importantes que essas crianças e as crianças de outros capítulos desenvolvem sublinham a necessidade de pensarmos sobre as notações matemáticas como uma parte essencial das compreensões e dos conceitos matemáticos, e como algo que vai muito além de habilidades motoras finas.

Os dados apresentados neste livro também ilustram a importância da teoria de Piaget como uma estrutura, conforme discutimos no Capítulo 1. As considerações e descrições de Piaget do processo de aprendizagem fornecem uma ótima lente para analisar como as crianças aprendem notações matemáticas. Piaget concebia a aprendizagem como um processo dialético composto de assimilação e acomodação. Assimilação é o processo pelo qual transformamos o mundo externo para torná-lo uma parte integral de nós mesmos. Acomodação é o momento criativo na aprendizagem, à medida que transformamos nossas estruturas cognitivas a fim de assimilar novas experiências. Piaget (1936/1969, 1936;1977) explicou que a acomodação começa como uma diferenciação inicial de esquemas e depois se torna uma busca ativa de novidade.

A concepção de Piaget do processo de aprendizagem refere-se a casos específicos de crianças aprendendo notações matemáticas, porque as crianças estão constantemente assimilando vários aspectos das notações matemáticas convencionais que elas são capazes de compreender. Ao mesmo tempo, elas transformam ou acomodam as ideias que desenvolvem sobre notações matemáticas em consequência dessas constantes assimilação e acomodação interativas (Piaget, 1936/1969, 1936/1977). Crianças bem pequenas já têm ideias sobre números escritos e como eles funcionam, assim como sobre outras notações matemáticas. A partir de seu nascimento, elas já começam a interagir com números. Na época em que ingressam na escola, a constante assimilação de dados e a acomodação de suas estruturas cognitivas fazem com que já tenham desenvolvido ideias muito complexas e interessantes.

Além da assimilação e da acomodação, a pesquisa de Piaget sobre equilíbrio e desequilíbrio é relevante para analisarmos a aprendizagem da criança de notações matemáticas. Piaget acreditava que uma perda de equilíbrio ou um desequilíbrio poderia levar à construção de novas ações (isto é, uma reequilibração), como um caminho para um novo equilíbrio que garantiria ao aprendiz maior estabilidade do que o equilíbrio anterior pela introdução de novos elementos e relações no campo do sujeito. Os desequilíbrios, portanto, poderiam levar a transformações por meio de invenções que modificariam e enriqueceriam os esquemas anteriores do sujeito. Em outras palavras, Piaget concebia o pensamento como naturalmente dialético, como uma sucessão constante de desequilíbrio e reequilíbrio.

Em relação ao processo de assimilação e acomodação, a nova situação ou informação encontrada pela criança talvez não produza um senso de desequilíbrio por não ter havido nenhuma conexão com qualquer um dos seus esquemas e, assim, ela não pode ser assimilada. Uma interação entre assimilação e

Desenvolvimento matemático na criança **119**

acomodação dos esquemas poderia produzir modificações que talvez tornassem a situação ou informação que antes não era problemática em algo que produziria um senso de desequilíbrio na criança. Esse senso de desequilíbrio poderia levar a outras acomodações e assimilações, resultando no desenvolvimento de um novo esquema ou na modificação do esquema e em um reequilíbrio.

Piaget focou conceitos relacionados à lógica "natural" e aos processos básicos de raciocínio, como classificação, seriação e conservação, e aspectos universais da aprendizagem cognitiva, como objeto, espaço, tempo, causalidade, números, chance e movimento. Ele nunca explorou especificamente a aprendizagem da criança das notações matemáticas. Entretanto, assim como Ferreiro, eu argumentarei que a teoria de Piaget é bastante relevante para o estudo desse tópico. Essa investigação apresenta um desafio interessante de relevância epistemológica se considerarmos a importância de se examinar a teoria de Piaget em um domínio que ele originalmente não explorou (Ferreiro, 1996b, 1997). Só é possível enfrentar esse desafio se considerarmos a teoria de Piaget não como um grupo fechado de verdades sobre a gênese do pensamento lógico, dos conceitos de espaço, tempo, causalidade, noções matemáticas e físicas elementares, mas como uma teoria geral sobre os processos da aprendizagem cognitiva, desenvolvida em domínios específicos, mas potencialmente capaz de explicar os processos de construção em outros domínios. Conforme Ferreiro argumenta em vários textos (veja, por exemplo, 1996b, 1997), o fato de Piaget não ter explorado e estudado a aprendizagem do conhecimento social e dos sistemas de notação não significa que o paradigma piagetiano não pode ser usado para explicar o desenvolvimento cognitivo nessas áreas. Apesar de Piaget não ter tematizado sobre os processos de construção do conhecimento social, cultural, os elementos essenciais de sua teoria nos permitem lidar com eles. Ferreiro argumenta que:

> A teoria de Piaget tem um grande valor heurístico no caso da pesquisa sobre a psicogênese dos objetos socioculturais e na compreensão das transformações [dos objetos socioculturais] em objetos de conhecimento. (1996a, p. 131)

Falando sobre um aspecto do conhecimento sociocultural, o letramento, Ferreiro argumenta que o fato de Piaget nunca ter focado seu trabalho no letramento como tal não significa que a sua teoria não é relevante para o estudo do desenvolvimento do letramento (Ferreiro, 1985). O mesmo pode ser dito das notações matemáticas. A teoria de Piaget é relevante para o estudo das notações matemáticas exatamente pelo papel que ela atribui ao aprendiz. Em sua teoria, o aprendiz é um sujeito ativo, conhecedor, que, por meio de suas invenções, se apropria de um objeto cultural como os sistemas notacionais. O aprendiz que Piaget descreveu é um sujeito conhecedor que desenvolve conhecimento, um sujeito ativo que tenta compreender o mundo que o cerca. Um sujeito que aprende por meio de suas próprias ações sobre os objetos do mundo e que constrói suas categorias de pensamento, ao mesmo tempo em que organiza seu mundo (Ferreiro e Teberosky, 1979). O aprendiz que Piaget descreveu não se apropria do conhecimento sociocultural copiando a realidade ou as informações transmitidas a ele. O aprendiz empenha-se em um processo ativo de invenção desses objetos de pensamento.

Referências

Aaboe, A. (1964). *Episodes from the early history of mathematics*. New York: L. W. Singer.

Alvarado, M. (2002). *La construcción del sistema gráfico numérico en los momentos iniciales de la adquisición del sistema gráfico alfabético* [The construction of the numerical graphical system in the initial moments of the acquisition of the alphabetic graphic system]. Unpublished doctoral dissertation. Mexico: Departamento de Investigaciones Educativas, CINVESTAV, IPN.

Alvarado, M., & Ferreiro, E. (2000). El anilisis de nombres de numeros de dos digitos en niños de 4 y 5 años [The analysis of names of two-digit numbers in 4- and 5-year-old children]. *Lectura y Vida: Revista Latinoamericana de Lectura,* 21(1), 6-17.

Ball, D. (1993). With an eye on the mathematical horizon: Dilemmas of teaching elementary school mathematics. *The Elementary School Journal,* 93(4), 373-397.

Bamberger, J. (1988). Les structurations cognitives de l'appréhension et de la notation de rythmes simples [Cognition structuring in the understanding and notation of symple rhythms]. In H. Sinclair (Ed.), *La production de notations chez le jeune enfant: Langage, nombre, rythmes et melodies* (pp. 99-128). Paris: Presses Universitaires de France.

Bamberger, J. (1990). The laboratory for making things: Developing multiple representations of knowledge. In D. A. Schön (Ed.), *The reflective turn* (pp. 37-62). New York: Teachers College Press.

Bamberger, J. (1991). *The mind behind the musical ear: How children develop musical intelligence.* Cambridge, MA: Harvard University Press.

Bamberger, J., & Ziporyn, E. (1992). Getting it wrong. *The World of Music,* 34(3), 22-56.

Bednarz, N., & Janvier, B. (1982). The understanding of numeration in primary school. *Educational Studies in Mathematics,* 13, 33-57.

Bergeron, J. C., Herscovics, N., & Sinclair, H. (1992). Contribution à la genèse du nombre [Contribution toward the origin of number]. *Archives de Psychologie,* 60,147-170.

Brito-Lima, A. P., & da Rocha Falcão, J. T. (1997). Early development of algebraic representation among 6-13-year-old children: The importance of didactic contract. In *Proceedings of the XXI International Conference on Psychology of Mathematics Education.* Lahti, Finland.

Brizuela. B. M. (2001). *Children's ideas about the written number system.* Unpublished doctoral dissertation, Harvard University Graduate School of Education, Cambridge, MA.

Brizuela, B. M., Carraher, D., & Schliemann, A. D. (2000). *Mathematical notation to support and further reasoning ("to help me think of something").* Paper presented as part of the research symposium "Research on Algebra in the Elementary Years" at the National Council of Teachers of Mathematics Research Presession, Chicago.

Cajori, F. (1928). *A history of mathematical notations* (Vol. 1). La Salle, IL: Open Court.

Cajori, F. (1929). *A history of mathematical notations* (Vol. 2). Chicago: Open Court.

122 Referências

Carpenter, T. P., Ansell, E., Franke, M. L., Fennema, E., & Weisbeck, L. (1993). Models of problem solving: A study of kindergarten children's problem-solving processes. *Journal for Research in Mathematics Education,* 24(5), 428-441.

Carraher, D.W., Brizuela, B. M., & Earnest, D. (2001). The reification of additive differences in early algebra. In H. Chick, K. Stacey, J. Vincent, & J. Vincent (Eds.), *The future of the teaching and learning of algebra: Proceedings of the 12th ICMI Study Conference* (Vol. 1, pp. 163-170). University of Melbourne, Australia.

Carraher, D. W., Brizuela, B. M., & Schliemann, A. D. (2000). Bringing out the algebraic character of arithmetic: Instantiating variables in addition and subtraction. In T. Nakahara & M. Koyama (Eds.), *Proceedings of the 24th conference of the International Group for the PME* (Vol. 2, pp. 145-152). Hiroshima, Japan: Hiroshima University.

Carraher, D. W., Schliemann, A. D., & Brizuela, B. M. (1999). *Reading algebraic meaning into the mathematics of young children.* Paper presented at a symposium at the annual meeting of the American Educational Research Association, Montreal, Canada.

Carraher, D. W., Schliemann, A. D., & Brizuela, B. M. (2001). Can young students operate on unknowns? In M. van der Heuvel-Panhuizen (Ed.), *Proceedings of the 25th conference of the International Group for the PME* (Vol. 1, pp. 130- 140). Utrecht, The Netherlands: Freudenthal Institute.

Cobb, P. (1995). Cultural tools and mathematical learning: A case study. *Journal for Research in Mathematics Education,* 26, 362-385.

Cobb, P. (2000). From representations to symbolizing: Introductory comments on semiotics and mathematical learning. In P. Cobb, E. Yackel, & K. McClain (Eds.), *Symbolizing and communicating in mathematics classrooms: Perspectives on discourse, tools, and instructional design* (pp. 17-36). Mahwah, NJ: Lawrence Erlbaum.

Cobb, P., & Wheatly, G. (1988). Children's initial understandings of ten. *Focus on Learning Problems in Mathematics,* 10(3),1-28.

Cobb, P., Yackel, E., & McClain, K. (Eds.) (2000). *Symbolizing and communicating in mathematics classrooms. Perspectives on discourse, tools, and instructional design.* Mahwah, NJ: Lawrence Erlbaum.

Confrey, J. (1991). Learning to listen: A student's understanding of powers of ten. In E. von Glasersfeld (Ed.), *Radical constructivism in mathematics education* (pp. 111-138). Dordrecht, The Netherlands: Kluwer Academic Press.

Confrey, J. (1994). Splitting, similarity, and rate of change: A new approach to multiplication and exponential functions. In G. Harel & J. Confrey (Eds.), *The development of multiplicative reasoning in the learning of mathematics* (pp. 291-330). Albany: State University of New York Press.

Confrey, J., & Smith, E. (1995). Splitting, covariation, and their role in the development of exponential functions. *Journal for Research in Mathematics Education,* 26(1), 66-86.

Cuoco, A. A., & Curcio, F. R. (Eds.). (2001). *The roles of representation in school mathematics: NCTM 2001 Yearbook.* Reston, VA: NCTM.

Davydov, V. (Ed.) (1991). *Soviet studies in mathematics education, Vol. 6: Psychological abilities of primary school children in learning mathematics.* Reston, V A: NCTM.

Dehaene, S. (1997). *The number sense: How the mind creates mathematics.* New York: Oxford University Press.

diSessa, A., Hammer, D., Sherin, B., & Kolpakowski, T. (1991). Inventing graphing: Representational expertise in children. *Journal of Mathematical Behavior,* 10, 117-160.

Duckworth, E. (1996). *The having of wonderful ideas and other essays on teaching and learning* (2nd ed.). New York: Teachers College Press.

Referências 123

Empson, S. B. (2002). Organizing diversity in early fraction thinking. In B. Litwiller (Ed.), *Making sense of fractions, ratios, and proportions:* 2002 *Yearbook* (pp. 29-40). Reston, VA: National Council of Teachers of Mathematics.

Feldman, D. H. (1994). *Beyond universals in cognitive development.* Norwood, NJ: Ablex.

Ferreiro, E. (1985). Literacy development: A psychogenetic perspective. In D. R. Olson, N. Torrance, & A. Hildyard (Eds.), *Literacy, language, and learning. The consequences of reading and writing* (pp. 217-228). New York: Cambridge University Press.

Ferreiro, E. (1986a). The interplay between information and assimilation in beginning literacy. In W. T. Teale & E. Sulzby (Eds.), *Emergent literacy: Writing and reading* (pp. 15-49). Norwood, NJ: Ablex.

Ferreiro, E. (1986b). Los procesos constructivos de apropiación de la escritura [The construction processes in the appropriation of writing]. In E. Ferreiro & M. Gomez Palacio (Eds.), *Nuevas perspectivas sobre los procesos de lectura y escritura* (8th ed., pp. 128-154). Buenos Aires: Siglo Veintiuno Editores.

Ferreiro, E. (1988). L'écriture avant la lettre [Writing before letters]. In H. Sinclair (Ed.), *La production de notations chez le jeune enfant* (pp. 17-70). Paris: Presses Universitaires de France.

Ferreiro, E. (1991). Psychological and epistemological problems on written representation of language. In M. Carretero, M. Pope, R.-J. Simmons, & J. I. Pozo (Eds.), *Learning and instruction: European research in an international context* (Vol. 3, pp. 157-173). New York: Pergamon Press.

Ferreiro, E. (1996a). The acquisition of cultural objects: The case of written language. *Prospects,* 26(1), 131-140.

Ferreiro, E. (1996b). Aplicar, replicar, recrear: Acerca de las dificultades inherentes a la incorporación de nuevos objetos al cuerpo teórico de la teoría de Piaget [To apply, to replicate, to re-create: Reflections on the difficulty of incorporating new objects into the theoretical body of Piaget's theory]. *Substratum,* 8(8- 9), 175-185.

Ferreiro, E. (1997). L'enfant après Piaget: Un partenaire intellectuel pour l'adulte [The child after Piaget: An intellectual partner for the adult]. *Psychologie Franfaise,* 42(1), 69-76.

Ferreiro, E., Pontecorvo, C., Ribeiro Moreira, N., & García Hidalgo, I. (1996). *Caperucita Roja aprende a escribir* [Little Red Riding Hood learns how to write]. Barcelona: Gedisa.

Ferreiro, E., Pontecorvo, C., & Zucchermaglio, C. (1996). PIZZA or PIZA? How children interpret the doubling of letters in writing. In C. Pontecorvo, M. Orsolini, B. Burge, & L. B. Resnick (Eds.), *Children's early text construction* (pp. 145-163). Mahwah, NJ: Lawrence Erlbaum.

Ferreiro, E., & Teberosky, A. (1979). *Los sistemas de escritura en el desarrollo del niño* [Literacy before schooling]. Buenos Aires: Siglo Veintiuno Editores.

Ferreiro, E., & Zuccheramaglio, C. (1996). Children's use of punctuation marks: The case of quoted speech. In C. Pontercorvo, M. Orsolini, B. Burge, & L. B. Resnick (Eds.), *Children's early text construction* (pp. 177-205). Mahwah, NJ: Lawrence Erlbaum.

Fraisse, P., & Piaget, J. (Eds.). (1969). *Experimental psychology: Its scope and method* (T. Surridge, Trans.). New York: Basic Books.

Freeman, N. (1993). Drawing: Public instruments of representation. In C. Pratt & A. F. Garton (Eds.), *Systems of representation in children* (pp. 113-132). New York: John Wiley & Sons.

Fuson, K. (1986). Roles of representation and verbalization in the teaching of multi-digit addition and subtraction. *European journal of psychology of education,* 1, 35-56.

Fuson, K. (1988). *Children's counting and concepts of number.* New York: Springer-Verlag.

García-Milà, M., Teberosky, A., & Martí, E. (2000). Anotar para resolver una tarea de localización y memoria [Making notations to solve a location and memory task]. *Infancia y Aprendizaje,* 90, 51-70.

124 Referências

Goldin, G. (1998). Representational systems, learning, and problem solving in mathematics. *Journal of Mathematical Behavior,* 17(2), 137-165.

Goldin, G., & Shteingold, N. (2001). Systems of representations and the development of mathematical concepts. In A. A. Cuoco & F. R. Curcio (Eds.), *The roles of representation in school mathematics: NCTM 2001 Yearbook* (pp. 1-23). Reston, VA: National Council of Teachers of Mathematics.

Gravemeijer, K., Lehrer, R., van Oers, B., & Verschaffel, L. (Eds.) (2002). *Symbolizing, modeling, and tool use in mathematics education.* Dordrecht, The Netherlands: Kluwer Academic.

Greenberg, J. H. (1978). Generalizations about numeral systems. In J. H. Greenberg (Ed.), *Universals of human language: Volume 3, Word structure* (pp. 249-295). Stanford, CA: Stanford University Press.

Gruber, H., & Vonèche, I. (Eds.) (1977). *The essential Piaget.* New York: Basic Books.

Haas, W. (1996). Sobre la escritura de los números [On the writing of numbers]. In N. Catach (Ed.), *Hacia una teoría de la lengua escrita* (pp. 257-270). Barcelona: Gedisa.

Hiebert, J., Carpenter, T. P., Fennema, E., Fuson, K., Human, P., Murray, H., et al. (1996). Problem solving as a basis for reform in curriculum and instruction: The case of mathematics. *Educational Researcher,* 25(4), 12-21.

Hughes, M. (1986). *Children and number.* Cambridge, MA: Blackwell.

Ifrah, G. (1985). *From one to zero: A universal history of numbers* (L. Bair, Trans.). New York: Viking Penguin. (Original work published 1981)

Inhelder, B., Sinclair, H., & Bovet, M. (1974). *Learning and the development of cognition* (S. Wedgwood, Trans.). Cambridge, MA: Harvard University Press.

Kamii, C. (1985). *Young children reinvent arithmetic: Implications of Piaget's theory.* New York: Teachers College Press.

Kamii, C. (1989). *Young children continue to reinvent arithmetic-2nd grade: Implications of Piaget's theory.* New York: Teachers College Press.

Kamii, C. (2000). *Young children reinvent arithmetic: Implications of Piaget's theory* (2nd ed.). New York: Teachers College Press.

Kamii, M. (1980). *Place value: Children's efforts to find a correspondence between digits and numbers of objects.* Paper presented at the Tenth Annual Symposium of the Jean Piaget Society, Philadelphia.

Kamii, M. (1982). *Children's graphical representation of numerical concepts: A developmental study.* Unpublished doctoral dissertation. Cambridge, MA: Harvard University Graduate School of Education.

Kaput, J. (1991). Notations and representations as mediators of constructive processes. In E. von Glasersfeld (Ed.), *Radical constructivism in mathematics education* (pp. 53-74). Dordrecht, The Netherlands: Kluwer Academic.

Kaput, J. (1995). *Transforming algebra from an engine of inequity to an engine of mathematical power by "algebrafying" the K-12 curriculum.* Paper presented at the annual meeting of the National Council of Teachers of Mathematics.

Karmiloff-Smith, A., & Inhelder, B. (1975). If you want to get ahead, get a theory. *Cognition,* 3, 192-212.

Kilpatrick, J. (1985). Doing mathematics without understanding: A commentary on Higbee and Kunihira. *Educational Psychologist,* 20(2), 65-68.

Lampert, M. (1989). Choosing and using mathematical tools in classroom discourse. In J. Brophy (Ed.), *Advances in Research on Teaching,* 1, 223-264.

Lee, K., & Karmiloff-Smith, A. (1996). The development of external symbol systems: The child as a notator. In R. Gelman & T. Kit-Fong Au (Eds.), *Perceptual and cognitive development: Handbook of perception and cognition* (2nd ed.) (pp. 185-211). San Diego, CA: Academic Press.

Lehrer, R., & Schauble, L. (2000). Developing model-based reasoning in mathematics and science. *Journal of Applied Developmental Psychology,* 21(1), 39-48.

Lehrer, R., & Schauble, L. (Eds.) (2002). *Investigating real data in the classroom.* New York, NY: Teachers College Press.

Lehrer, R., Schauble, L., Carpenter, S., & Penner, D. E. (2000). The inter-related development of inscriptions and conceptual understanding. In P. Cobb, E. Yackel, & K. McClain (Eds.), *Symbolizing and communicating in mathematics classrooms: Perspectives on discourse, tools, and instructional design* (pp. 325-360). Mahwah, NJ: Lawrence Erlbaum.

Leinhardt, G., Zaslavsky, O., & Stein, M. K. (1990). Functions, graphs, and graphing: Tasks, learning, and teaching. *Review of Educational Research,* 60(1), 1-64.

Lerner, D. (1994). *La matemática en la escuela: Aquí y ahora* [Mathematics in school: Here and now]. Buenos Aires: Paidós.

Lerner, D., & Sadovsky, P. (1994). El sistema de numeración: Un problema didáctico [The number system: A didactical problem]. In C. Parra & I. Saiz (Eds.), *Didáctica de matemtiticas: Aportes y reflexiones* (pp. 93-184). Buenos Aires: Paidós.

Litwiller, B. (Ed.) (2002). *Making sense of fractions, ratios, and proportions:* 2002 *Yearbook.* Reston, VA: National Council of Teachers of Mathematics.

Martí, E., & Pozo, J. I. (2000). Más allá de las representaciones mentales: La adquisición de los sistemas externos de representación [Beyond mental representations: The acquisition of external systems of representation]. *Infancia y Aprendizaje,* 90, 11-30.

Meira, L. (2002). Mathematical representations as systems of notations-in-use. In K. Gravemeijer, R. Lehrer, B. van Oers, & L. Verschaffel, L. (Eds.), *Symbolizing, modeling, and tool use in mathematics education* (pp. 87-103). Dordrecht, The Netherlands: Kluwer Academic.

National Council of Teachers of Mathematics (NCTM). (2000). *Principles and standards for school mathematics.* Reston, VA: Author.

Nemirovsky, R. (1994). On ways of symbolizing: The case of Laura and the velocity sign. *Journal of Mathematical Behavior,* 13, 389-422.

Nemirovsky, R., Tierney, C., & Wright, T. (1998). Body motion and graphing. *Cognition and Instruction,* 16(2), 119-172.

Neugebauer, O. (1945). The history of ancient astronomy. *Journal of Near Eastern Studies,* 4(1), 2-38.

Neugebauer, O. (1962). *The exact sciences in antiquity.* New York: Harper Torch- books.

Nunes, T., & Bryant, P. (1996). *Children doing mathematics.* Cambridge, MA: Blackwell.

Olson, D. (1994). *The world on paper.* New York: Cambridge University Press. Parkes, M. B. (1978). Medieval punctuation, or pause and effect. In J. J. Murphy (Ed.), *Medieval eloquence* (pp. 127-142). Berkeley: University of California Press.

Parkes, M. B. (1992). *Pause and effect: An introduction to the history of punctuation in the West.* Hants, United Kingdom: Scolar Press.

Piaget, J. (1952). *The origins of intelligence in children* (M. Cook, Trans.). New York: International Universities Press. (Original work published 1936)

Piaget, J. (1969). *El nacimiento de la inteligencia en el niño* [The origins of intelligence in children] (L. Fernandez Cancela, Trans.). Madrid: Aguilar. (Original work published 1936)

Piaget, J. (1969). *The mechanisms of perception* (G. N. Seagrim, Trans.). New York: Basic Books. (Original work published 1961)

Piaget, J. (1970). Piaget's theory. In P. H. Mussen (Ed.), *Carmichael's manual of child psychology* (3rd. ed., pp. 703-732). New York: John Wiley & Sons.

126 Referências

Piaget, J. (1972). *Genetic epistemology* (E. Duckworth, Trans.). New York: Columbia University Press.

Piaget, J. (1973). *To understand is to invent* (G.-A. Roberts, Trans.). New York: Grossman.

Piaget, J. (1976). *The child's conception of the world* (J. & A. Tomlinson, Trans.). Totowa, NJ: Littlefield, Adams. (Original work published 1926)

Piaget, J. (1976). *The grasp of consciousness: Action and concept in the young child* (S. Wedgwood, Trans.). Cambridge, MA: Harvard University Press. (Original work published 1974)

Piaget, J. (1977). *La naissance de l'intelligence chez l'enfant* [The origins of intelligence in children] (9th. ed.) (M. Cook, Trans.). Paris: Delachaux et Niestlé. (Original work published 1936)

Piaget, J., & García, R. (1982). *Psicogenesis e historia de la ciencia* [Psychogenesis and the history of science]. Mexico: Siglo Veintiuno Editores.

Piaget, J., & Inhelder, B. (1971). *Mental imagery in the child* (P. A. Chilton, Trans.). New York: Basic Books. (Original work published 1966)

Piaget, J., & Inhelder, B. (1973). *Memory and intelligence* (A. J. Pomerans, Trans.). New York: Basic Books. (Original work published 1968)

Quinteros, G. (1997). *El uso y función de las letras en el período pre-alfabético* [The use and role of letters in the pre-alphabetic period]. Mexico: DIE/CINVESTAV (Thesis no.27).

Resnick, L. B. (1983). A developmental theory of number understanding. In H. P. Ginsburg (Ed.), *The development of mathematical thinking* (pp. 109-151). New York: Academic Press.

Ross, S. H. (1986). *The development of children's place-value numeration concepts in grades two through five* (ERIC Document Reproduction Service ED273482)

Roth, W.-M. (2001). Gestures: Their role in teaching and learning. *Review of Educational Research, 71* (3), 365-392.

Sastre, G., & Moreno, M. (1976). Représentation graphique de la quantité [Graphic representation of quantity]. *Bulletin de Psychologie, 30,* 355-366.

Scheuer, N., Sinclair, A., Merlo de Rivas, S., & Tièche Christinat, C. (2000). Cuando ciento setenta y uno se escribe 10071: Niños de 5 a 8 años produciendo numerales [When one hundred seventy-one is written 10071: Children 5 to 8 years old producing numerals]. *Infancia y Aprendizaje, 90,* 31-50.

Schifter, D. (1998). *Developing operation sense as a foundation for algebra* I. Unpublished manuscript.

Schliemann, A. D., Carraher, D. W., & Brizuela. B. M. (2001). When tables become function tables. In M. van der H.-P. (Ed.), *Proceedings of the 25th conference of the International Group for the PME* (Vol. 4, pp. 145-152). Utrecht, The Netherlands: Freudenthal Institute.

Schliemann, A. D., Carraher, D. W., Pendexter, W., & Brizuela, B. (1998). *Solving algebra problems before algebra instruction.* Paper presented at the Second Early Algebra Meeting, Tufts University/ UMass-Dartmouth.

Schwartz, J. (1988). Intensive quantities and referent transforming arithmetic operations. In J. Hiebert & M. Behr (Eds.), *Number concepts and operations in the middle grades* (Vol. 2, pp. 41-52). Reston, VA: LEA & National Council of Teachers of Mathematics.

Schwartz, J. (1996). *Semantic aspects of quantity.* Unpublished manuscript. Cambridge, MA: MIT and Harvard Graduate School of Education.

Schwartz, J., & Yerushalmy, M. (1995). On the need for a bridging language for mathematical modeling. *For the Learning of Mathematics, 15*(2), 29-35.

Sellke, D. H., Behr, M. J., & Voelker, A. M. (1991). Using data tables to represent and solve multiplicative story problems. *Journal for Research in Mathematics Education, 22*(1), 30-38.

Sharp, J. M., Garofalo, J., & Adams, B. (2002). Children's development of meaningful fraction algorithms: A kid's cookies and a puppy's hills. In B. Litwiller (Ed.), *Making sense of fractions, ratios, and proportions:* 2002 *yearbook* (pp. 18-28). Reston, VA: National Council of Teachers of Mathematics.

Simon, M., & Stimpson, V. C. (1988). Developing algebraic representation using diagrams. In A. F. Coxford & A. P. Shulte (Eds.), *The ideas of algebra, K-12:* 1988 *yearbook* (pp. 136-141). Reston, VA: National Council of Teachers of Mathematics.

Sinclair, A. (1988). La notation numérique chez l'enfant [Numerical notation in children]. In H. Sinclair (Ed.), *La production de notation chez le jeune enfant* (pp. 71-97). Paris: Presses Universitaires de France.

Sinclair, A., & Scheuer, N. (1993). Understanding the written number system: 6- year-olds in Argentina and Switzerland. *Educational Studies in Mathematics,* 24, 199-221.

Sinclair, A., & Sinclair, H. (1984). Preschool children's interpretation of written numbers. *Human Learning,* 3, 173-184.

Sinclair, H. (1982). *Children's ideas about written words and written numbers.* Division for Study and Research in Education Working Paper 14. Cambridge: Massachusetts Institute of Technology.

Smith, J. P. (2002). The development of students' knowledge of fractions and ratios. In B. Litwiller (Ed.), *Making sense of fractions, ratios, and proportions:* 2002 *yearbook* (pp. 3-17). Reston, V A: National Council of Teachers of Mathematics.

Steffe, L., & Cobb, P. (1988). *Construction of arithmetical meanings and strategies.* New York: Springer-Verlag.

Streefland, L. (1985). Search for the roots of ratio: Some thoughts on the long term learning process (towards...a theory). Part II. The outline of the long term learning process. *Educational Studies in Mathematics,* 16, 75-94.

Struik, D. J. (1987). *A concise history of mathematics* (4th ed.). New York: Dover.

Tierney, C., & Nemirovsky, R. (1995). *Children's graphing of changing situations.* Paper presented at the annual meeting of the AERA, San Francisco.

Tolchinsky, L. (1993). *Aprendizaje del lenguaje escrito* [Learning of written language]. Barcelona: Anthropos.

Tolchinsky, L., & Karmiloff-Smith, A. (1992). Children's understanding of notations as domains of knowledge versus referential-communicative tools. *Cognitive Development,* 7, 287-300.

Treitler, L. (1982). The early history of music writing in the West. *Journal of the American Musicological Society,* 35(2), 237-279.

Vergnaud, G. (1985). Concepts et schémes dans une theorie operatoire de la representation [Concepts and schemes in an operatory theory of representation]. *Psychologie Franfaise,* 30(3-4), 245-252.

Vergnaud, G. (1988). Multiplicative structures. In J. Hiebert & M. Behr (Eds.), *Number and operations in the middle grades* (pp. 141-161). Hillsdale, NJ: LEA/National Council of Teachers of Mathematics.

Vygotsky, L. S. (1978). *Mind in society. The development of higher psychological processes.* Cambridge, MA: Harvard University Press.

Vygotsky, L. S. (1986). *Thought and language.* Cambridge, MA: MIT Press.

Willis, G. B., & Fuson, K. C. (1988). Teaching children to use schematic drawings to solve addition and subtraction word problems. *Journal of Educational Psychology,* 80(2), 192-201.

Índice

A

Aaboe, A., 36-37
Abordagem construtivista, 73-74, 81, 103-104
Abordagem psicogenética, 83-84
Abordagem sociocultural, 73, 81
Acomodação, 117-120
Adam (aluno da 2ª série), 90-92
Adams, B., 73
Adição, 83
Alfabeto, relações entre números e, 53-56
Álgebra, 71-81, 83. *Veja também* Tabelas de dados
Alvarado, Mónica, 33-37, 53-56
Ambiente
    e visões de Piaget do conhecimento, 116
    informações do, 44-52
Ansell, E., 20
Aprendizagem
    como processo dialético, 117-119
    teoria de Piaget da, 117-120
Aspectos figurativos do pensamento, 43-44, 68-70
Aspectos operativos do pensamento, 43-44, 68-70
Assimilação
    de convenções, 73, 74
    definição de, 117-118
    de informações, 50-52, 55-57
    e a teoria da aprendizagem de Piaget, 117-120
    e relações entre diferentes notações matemáticas, 102-104
Astrônomos, 28-29

B

Babbage, Charles, 74, 81
Babilônios, 28-30, 51-53
Ball, D., 116

Bamberger, Jeanne, 51-52, 55-57, 83-84, 97-98, 109-110, 113
Base, 25-29, 35-36, 75-76
Base, 35-36, 75-76
Bednarz, N., 20-21
Behr, M.J., 83-84
Bergeron, J.C., 20, 21
Bovet, M., 21-22, 51-52
Briana (aluna de 2ª série), 89-94
Brito-Lima, A.P., 72
Brizuela, B.M., 29-30, 35-36, 72-73, 83-86
Bryant, P., 115

C

Cajori, F., 65-69, 74-77, 81
Carpenter, S., 17, 20-21
Carpenter, T.P., 20
Carraher, David
    como autor, 71-81
    referências a, 24-25, 72-86
Cobb, P., 17, 19, 73, 79-81, 115-116
Cognição
    e conflito cognitivo, 55-56
    e desenvolvimento cognitivo, 51-52
    e números maiúsculos, 50-51
    e pontuação em números, 68-69
    e teoria da aprendizagem de Piaget, 117-119
Colunas
    escolha de variáveis para as, por parte das crianças, 87, 89
    Veja também Tabelas de dados
Comparações
    e notações para ajudar a pensar, 95-96
    e relações entre diferentes notações matemáticas, 98-100, 113
    e tabelas de dados, 83, 94-96
Comportamentalismo, 103-104
Conceitos
    construção de, 116-117

130 Índice

e construção de notações matemáticas, 116-117
e importância dos símbolos, 115
e notações para ajudar a pensar, 73-74
e relação entre diferentes notações matemáticas, 97, 102-106, 113-114
relação entre notações e, 18, 43, 115-117
Conflitos, 21-22, 55-56, 60
Confrey, J., 20, 28-29, 36-38, 51-52
Conhecimento
anterior, 18, 45-51, 55-57
construção do, 50-57, 116
e a criança como sujeito conhecedor, 18
invenções como centrais para o, 51-52
linguagem escrita como objeto de, 29-30
notações como domínios do, 19
recriação do, 56-57
sociocultural, 118-120
teoria de Piaget do, 116-120
transferência de, 53-55
transmissão do, 116
Veja também Conhecimento anterior
Contar, 21, 31-32
Convenções
assimilação de, 73-74
compreendendo as, 44-47, 53-54
e inter-relações entre tipos de notações, 25-26
e invenções, 24-25, 43, 46-57, 116-117
e linguagem escrita, 43
e notações escritas, 72
e notações para ajudar a pensar, 72, 81
e posições, 52-53
e relação entre notações e conceitos, 116
e tabelas de dados, 25-26
e tópicos do Early Algebra Project, 83
e visões de Piaget do conhecimento, 116
importância das, 52-53
tipos de, 52-53
Copiar", 103-105
Criança, como sujeito conhecedor, 18
Crianças de cinco anos. Veja George; Paula
Crianças mexicanas, 33-35
Cuoco, A.A., 17
Curcio, F.R., 17

D

Da Rocha Falcão, J.T., 72
Daniel (aluno de 2ª série), 84-89
Davydov, V., 72
Decimais, 36-37, 59-62, 68-69
Desenhos, e notações para ajudar a pensar, 73
Desenvolvimento
cognitivo, 51-52

de crianças, 19, 22-23
do letramento, 22-23
Diferenciação figurativa dos números, 41-42
Dígitos
rotação de, 53-54
Veja também Números de dois algarismos
Dinheiro, 61-67, 74-81, 86-96. Veja também problema específico
DiSessa, A., 17, 20-21, 83-84, 116-117
Divisão, 83
Duckworth, Eleanor, 21-22, 44, 60, 98-108

E

Early Algebra Project, 24-25. Veja também Jennifer; Sara
Earnest, D., 83-84
Empson, S.B., 73
Ensino, conexões entre pesquisa, entrevista e, 106-108
Entrevistas, 21-22, 60, 84-86, 98-99, 106-108, 113-114. Veja também aluno específico
Equações, 92-94
Espaço e mensuração, pesquisa sobre, 20
Etnicidade, 72

F

Fazer sentido, 44-47, 53-54, 98
Feldman, D.H., 52-53
Fennema, E., 20
Ferreiro, E., 17-23, 29-35, 43, 50-55, 68-69, 83-84, 90-91, 103-104, 118-120
Fileiras
a escolha das crianças de variáveis para, 87, 89
Veja também Tabelas de dados
Frações, notações para, 24-25, 71-81, 95-96, 116-117
Fraisse, P., 41-42
Franke, M.L., 20
Freeman, N., 23-24
Frisius, Gemma, 65-66
Funções
e inter-relações entre tipos de notações, 25-26
Veja também Tabelas de dados
Fuson, K.C., 19-20

G

García, Hidalgo, 17, 68-69
García, R., 79-81
García-Milà, M., 90-91

Índice **131**

Garofalo, J., 73
George
  compreensão do sistema numérico por parte de, 29-32
  e a construção de notações matemáticas, 116-117
  e números escritos e sistema numérico escrito, 27-28, 41-42
  e o papel do valor da posição/lugar em ideias sobre números escritos, 24-25, 36-37, 41-42, 52-53
  e relação entre notações, 117-118
  habilidades motoras finas de, 29-32
  reflexões sobre, 41-42
  uso de números simulados por parte de, 31-37
Gestos corporais, 102-105
Goldin, G., 21-24, 98, 103-104, 113
Gráficos
  como ferramenta para compreender e resolver problemas, 110-117
  de torta, 71-81
  e construção de notações matemáticas, 116-117
  e interação entre conceitos e notações, 116-117
  e notações para ajudar a pensar, 71
  e organização de números, 60-68
  e relação entre diferentes notações matemáticas, 25-26, 98-100, 105-106, 114
  e tópicos do Early Algebra Project, 83
  pesquisas sobre, 20, 83-84
  tabelas de dados comparadas com, 111-113
Gravemeijer, K., 17
Greenberg, J.H., 35-36
Gruber, H., 43

H

Haas, W., 35-36
Habilidades motoras finas, 29-32, 41-42, 117-118
Habilidades perceptivo-motoras, 18, 29-32, 116-117
Hammer, E., 17, 20-21, 83-84, 116-117
Herscovics, N., 20, 21
Hiebert, J., 20
Hindus, 52-53
Hipóteses, 29-30, 53-56, 60-62, 70, 79-81, 104-105, 109-110
História
  da linguagem escrita, 68-69
  da matemática, 21-23, 51-53
  das notações de uso social, 68-69

das notações matemáticas/numéricas, 24-29, 64-69, 74, 116-118
das notações musicais, 69-70
dos sistemas notacionais, 21-23, 51-53
Hughes, M., 19-20, 23-24
Human, P., 20

I

Ideias, 29-30, 60-62
Ifrah, G., 27-29
Informações
  assimilação de, 50-52, 55-57
  do ambiente, 44-52
  implícitas e explícitas, 87-92, 106-108
Inhelder, B., 21-22, 29-30, 41-43, 51-52, 79-81
Invenções
  como centrais para o conhecimento, 51-52
  de notações algébricas, 74
  de zeros, 51-53
  e convenções, 24-25, 38-39, 46-57, 116-117
  e história da matemática, 51-53
  e história das notações matemáticas, 116-118
  e pontuação nos números, 70
  e teoria da aprendizagem e do conhecimento de Piaget, 116-120
  importância das, 56-57
  reflexões sobre, 53-57

J

Janvier, B., 20-21
Japonês, 55-56
Jeffrey
  e construção de notações matemáticas, 116-117
  e relações entre diferentes notações matemáticas, 25-26, 98-114
  e uso de tabela para compreender gráfico, 109-112
  reflexões sobre, 113-114
Jennifer
  e construção de notações matemáticas, 116-117
  e relações entre diferentes notações matemáticas, 25-26, 98-99, 114
  e tabelas de dados e relações aditivas, 83, 95-96
  gráfico de, 106-113
  na 2ª série, 86-94
  na 3ª série, 92-96, 106-108, 113
  reflexões sobre, 95-96, 113-114
Jéssica (aluna da 2ª série), 84-89

132 Índice

Jéssie (aluna da 2ª série), 87-94
Joey (aluno da 2ª série), 84-89, 103-104
Joseph (aluno da 2ª série), 86-92

K

Kamii, C., 19-21, 36-38, 116
Kamii, M., 20-21, 36-38
Kaput, J., 23-24, 72-73, 81, 95-96
Karmiloff-Smith, A., 19-24, 29-30
Kilpatrick, J., 52-56
Kolpakowski, M., 28-29, 36-38

L

Lampert, M., 28-29, 36-38
Lara-Roth, Susanna, como autora, 83, 95-96
Lee, K., 23-24
Lehrer, R., 17, 20-24
Leinhardt, G., 83-84
Leitura
    de números, 53-54, 60-70
    e pontuação, 68-69
Lerner, D., 19, 35-38, 115-117
Leslie (aluno de 2ª série), 84-89
Letramento, 22-23, 83-84, 118-120
Letras
    e progressão nas notações das crianças, 20-21
    maiúsculas, 49-56
    relações entre números e, 53-56
Letras maiúsculas, 49-50, 54-56
Linguagem
    notações para, 19-20
    Veja também Linguagem natural; Linguagem escrita
Linguagem escrita
    aprendizagem da, 18
    como objeto de conhecimento, 29-30
    distinções entre números escritos e, 20-21
    e "cópia", 103-104
    e a história da matemática e dos sistemas notacionais, 22-23
    e convenções, 43
    e o entendimento de George do sistema numérico, 31-32
    e relações entre diferentes notações matemáticas, 103-104, 113
    e semelhanças entre tipos de notação, 68-69
    história da, 68-69
    pesquisa sobre, 20-21
    pontuação na, 59-60, 64-70
    relação entre linguagem oral e, 113
        tomando emprestado da, 54-56
Linguagem oral
    e relações entre diferentes notações matemáticas, 102-105, 113
    relação entre linguagem escrita e oral, 113
Linhas de números
    e construção de notações matemáticas, 116-117
    e inter-relação entre tipos de notações, 25-26
    e relações entre diferentes notações matemáticas, 99-112
    e tópicos do Early Algebra Project, 83
    e zeros, 101-102
    variáveis, 101-102
Litwiller, B., 73

M

Mach, E., 76-77
Maria (aluna de 2ª série), 22-24, 90-91
Martí, E., 23-24, 90-91
Matemática, história da, 21-23, 51-53
McClain, K., 17
Meira, L., 50-51
Merlo de Rivas, S., 35-36
Moreno, M., 20
Multiplicação, 83
Murray, H., 20
Música, 22-23, 55-57, 64-70, 83-84, 97

N

Nathan
    e construção de notações matemáticas, 116-117
    e relações entre notações matemáticas, 25-26, 98-114
    reflexões sobre, 113-114
National Council of Teachers of Mathematics (NCTM), 17, 73, 97, 114
NCTM. Veja *National Council of Teachers of Mathematics*
Nemirovsky, R., 20-24, 83-84
Neugebauer, O., 28-29, 54-55
Notações
    como construídas, 43, 116-117
    como domínios de conhecimento, 19
    como ferramentas referencial-comunicativas, 19
    definição de, 22-25
    distinção entre número e linguagem, 19-20
    e conceitos, 18, 43, 115-117
    e ferramentas para compreender, 110-113
    e representações, 21-24

Índice 133

espontâneas e convencionais, 21
importância das, 17-18, 116-117
interesse crescente pelas, 17
progressão nas notações das crianças, 20-21
relações entre diferentes notações matemáticas, 25-26, 97-115
semelhanças entre, 68-69, 74
suposições sobre, 18
usos de, 115
variedade de, 86-87, 89
Veja também Aluno específico, tipo de notação ou tópico
Notações escritas
convencionais, 72
e relações entre diferentes notações matemáticas, 102-103
Notações para "ajudar a pensar", 24-26, 71-81, 95-96, 116-117
Números
diferenciação figurativa dos, 41-42
distinção entre linguagem escrita e números escritos, 20-21
escrita aditiva de, 36-37
generalizados, 83
leitura de, 53-54, 60-70
lotes de, 69-70
"maiúsculos", 43, 56-57
ordem dos, 35-36, 44-46, 91-92
organização dos, 60, 64-70, 78-79, 95-96, 113
pontuação nos, 24-25, 59-70
simulados, 31-37
Números de dois algarismos
e invenções e convenções, 46-55
e números simulados, 31-37
rotação de, 53-54
Números escritos
distinção entre linguagem escrita e, 20-21
e contagem, 21
e escrita aditiva de números, 36-37
e números simulados, 31-32
e pontuação em números, 62-69
entendimento de George do, 27-28, 41-42
Números generalizados, 83
Números maiúsculos
e convenções e invenções, 24-25, 43, 56-57
e números de dois dígitos, 46-52
e Paula, 24-25, 43, 56-57
reflexões sobre, 53-57
Números negativos, 116
Números simulados, 31-37
Números transparentes, 35-36, 55-56
Nunes, T., 115

O

Objetos conceituais, 18, 70
Olson, David, 104-105, 113
Operações aritméticas, pesquisas sobre, 20
Ordem temporal dos números, 35-36, 91-92

P

Padrões/princípios, NCTM, 17
Palavras, 21, 72
Parkes, M.B., 68-69
Paula
compreendendo as convenções, 44-47
e construção de notações matemáticas, 116-118
e convenções, 24-25, 52-54
e invenções, 24-25, 51-53
números maiúsculos como ferramenta inventada por, 24-25, 46-51
reflexões sobre, 53-57
Pendexter, W., 72
Penner, D.E., 17, 20-21
Pensamento/pensar
aspectos figurativos e operativos do, 43-44, 68-70
como dialético, 118-119
e notações para ajudar a pensar, 71-81
evolução do, 73
operacional, 119-120
Pesquisa, 19-25
Piaget, J., 18, 21-22, 25-26, 41-46, 50-57, 79-81, 116-120
Pontecorvo, C., 22-23, 68-69
Pontos nos números, 24-25, 56-70
Pontuação
e construção de notações matemáticas, 116-117
e leitura, 68-69
em números, 24-25, 59-70
na linguagem escrita, 59-60, 64-65, 68-70
na música, 64-70
teoria da, 68-69
usos da, 60, 64-70
Posição
e as ideias de George sobre números escritos, 41-42, 52-53
e convenções e invenções, 52-55
e relação entre números e letras, 53-56
e relações entre diferentes notações matemáticas, 101-102
importância da, 37-38
papel da, e números escritos, 36-37, 41-42
Veja também Valor do lugar

134 Índice

Pozo, J.L., 22-24
Problema das bolas de gude, 93-96
Problema de Cláudia, 76-81
Problema do *Melhor Negócio*, 98-117
Problema do peso do peixe, 78-81
Problema do sorvete, 74-77, 81
Professores, formação de, 18
Psicologia do desenvolvimento, 19

Q

Quantidades
 e notações para ajudar a pensar, 73, 81
 e tabelas de dados, 89-90, 95-96
 notações para, 20-21
 pesquisa sobre, 20-21
Quinteros, G., 33-35

R

Raça, 72
Raciocínio, e notações para ajudar a pensar, 74
Raymond (aluno de 2ª série), 89-91
Reflexões
 finais, 115-120
 sobre George, 41-42
 sobre Jeffrey, 113-114
 sobre Jennifer, 95-96, 113-114
 sobre Nathan, 113-114
 sobre Paula, 53-57
 sobre Sara, 79-81
 sobre Thomas, 67-70
Regras. *Veja* Convenções
Relações aditivas, 25-26, 36-37, 83-86, 91-96
relações entre letras e, 53-56
 transparentes, 35-36, 55-56
Representações
 desenvolvimento de sistemas de, 21
 e construção do conhecimento, 116
 e definição de notações, 22-24
 e relações entre diferentes notações
  matemáticas, 98, 114
 externas, 21-24, 102-104
 internas, 21-24, 98, 102-104
 mentais, 103-104
"Representações externas", 21-24, 102-104
Representações internas, 22-24, 98, 102-104
Resnick, L.B., 36-37
Ribeiro Moreira, N., 68-69
Ross, S.H., 20, 21, 36-38
Roth, W.M., 102-103

S

Sadovsky, P., 19, 35-36, 115-117
Sara
 e construção de notações matemáticas, 116-117
 e notações de frações, 24-25, 71-81, 95-96, 116-117
 e notações para ajudar a pensar, 24-25, 71-81, 116-117
 reflexões sobre, 79-81
Sastre, G., 20
Schauble, L., 17, 20-24
Scheuer, N., 35-37
Schifter, D., 72
Schliemann, Analúcia
 como autora, 71-81
 referências à, 72-79, 83-86
Schwartz, Judah, 89-90, 95-98
Segunda série
 e Early Algebra Project, 83
 Jennifer na, 86-94
 tabelas de dados na, 25-26, 84-96
Sellke, K.H., 83-84
Sharp, J.M., 73
Sherin, B., 17, 20-21, 83-84, 116-117
Shteingold, N., 21-23, 98, 103-104, 113
Símbolos
 e construção de notações matemáticas, 116-117
 e notações para ajudar a pensar, 72
 e relações entre diferentes notações
  matemáticas, 98, 113
 importância dos, 115
 usos dos, 115-116
Simon, M., 83-84
Sinais gráficos, 29-32, 68-69
Sinclair, A., 17-20, 35-37
Sinclair, H., 17-22, 51-52
Sistema notacional chinês, 28-29, 55-56
Sistema numérico
 benefícios do, 28-29
 e convenções, 52-53
 e valor do lugar, 36-37, 41-42
 entendimento do, 24-25, 29-32
 limites impostos pelo, 40-42
 número finito de elementos no, 52-54
 regras que governam o, 27-28
 Veja também *Sistema numérico escrito*
Sistema numérico escrito
 e construção de notações matemáticas, 116-117
 e convenções, 52-53
 entendimento de George do, 27-28, 41-42

pontuação no, 60-62, 70
reinventando o, 70
Sistemas
características dos, 23-24
de ideias, 29-30, 60-62
processo de desenvolvimento dos, 60-62
Veja também Sistema numérico; Sistema
numérico escrito
Smith, E., 28-29
Smith, J.P. 73
Solução de problemas
algébricos, 74-83
e notações para ajudar a pensar, 71-81
e relações entre diferentes notações
matemáticas, 97-114
e tópicos do Early Algebra Project, 83
ferramentas para, 116-117
pesquisa sobre aritmética, 20
Steffe, L., 19
Stein, M.K., 83-84
Stimpson, V.C., 83-84
Struik, D.J., 27-29, 52-55
Subtração, 83

T

Tabelas de dados
como ferramenta para compreender e
resolver problemas, 110-117
e comparações, 83, 94-96
e construção de notações matemáticas,
116-117
e convenções, 25-26
e interação entre conceitos e notações,
116-117
e inter-relações entre tipos de notações,
25-26
e notações para ajudar a pensar, 71
e relação entre diferentes notações
matemáticas, 99-100, 104-114
e relações aditivas, 91-96
e tópicos do Early Algebra Project, 83
fileiras e colunas nas, 87, 89, 93-96
gráficos comparados com, 111-113
informações explícitas e implícitas nas,
87-92, 106-108
na 2ª série, 25-26, 84-87, 92-96
na 3ª série, 25-26, 84-86, 92-96
planejadas pela própria pessoa, 86-94
reconstrução de, 84-86
visão geral das, 25-26
Tábula rasa, 70

Teberosky, A., 18, 20-23, 31-32, 68-69, 83-84,
90-91, 103-104, 119-120
Teoria da equilibração (Piaget), 117-119
Teoria do desequilíbrio (Piaget), 117-119
Terceira série
e Early Algebra Project, 83
e relações entre diferentes notações
matemáticas, 98-114
e tabelas de dados, 25-26, 84-86, 94-96
Jennifer na, 92-96
números negativos na, 116
Veja também Sara
Thomas (6 anos de idade)
e construção de notações matemáticas,
116-117
e organização gráfica de números, 64-68
e pontuação nos números, 24-25, 59-70
e relações, 117-118
reflexões sobre, 67-70
Tièche Christinat, C., 35-36
Tierney, C., 20, 83-84
Tolchinsky, L., 17-21
"Tomar emprestado", 103-105
Treitler, L., 64-70

V

Valor do lugar
desenvolvimento/origens do, 28-29
e as ideias de George sobre números
escritos, 24-25, 36-37, 41-42
e benefícios do sistema numérico, 28-29
e pontuação nos números, 65-66
e regras que governam o sistema numérico
escrito, 27-29
importância do, 36-38
pesquisa sobre, 20, 21
relação entre letras e, 54-55
Veja também Posição
"Valor generativo", 97, 109-113
Van Oers, B., 17
Variáveis, 83, 92-96
Vergnaud, G., 29-30
Verschaffel, L., 17
Vetores
e construção de notações matemáticas,
116-117
e relações entre diferentes notações
matemáticas, 99-110
Vírgulas, nos números, 24-25, 59-60, 70
Voelker, A.M., 83-84
Vonèche, J., 43
Vygotsky, L., 50-54

136 Índice

W

Weisbeck, L., 20
Wheatly, G., 19
Whitehead, A.N., 74
Willis, G.B., 20
Wright, T., 83-84

Y

Yackel, E., 17
Yerushalmy, M., 98
Young Children Reinvent Arithmetic (Kamii), 116

Z

Zaslavsky, O., 83-84
Zero
  como conceito, 28-29
  como marcador de lugar, 28-29
  e números simulados, 32-35
  e pontuação nos números, 62-69
  e regras que governam o sistema numérico, 28-29
  e retas numéricas, 101-102
  e valor do lugar, 37-39
  invenção do, 51-53
  lotes de, 64-69
Ziporyn, E., 55-57, 98
Zucchermaglio, C., 22-23, 68-69